表扬 和 批评 的 父母话术

吴玉荣 —— 著

苏州新闻出版集团
古吴轩出版社

图书在版编目（CIP）数据

表扬和批评的父母话术 / 吴玉荣著. -- 苏州 ：古
吴轩出版社，2024. 6. -- ISBN 978-7-5546-2406-7

Ⅰ . G78

中国国家版本馆CIP数据核字第2024Q3Y539号

责任编辑：顾　熙
见习编辑：李　楠
策　　划：周建林
封面设计：末末美书

书　　名：**表扬和批评的父母话术**
著　　者：吴玉荣
出版发行：苏州新闻出版集团
　　　　　古吴轩出版社
　　　　　地址：苏州市八达街118号苏州新闻大厦30F
　　　　　电话：0512-65233679　　邮编：215123
出 版 人：王乐飞
印　　刷：天宇万达印刷有限公司
开　　本：670mm×950mm　1/16
印　　张：10
字　　数：105千字
版　　次：2024年6月第1版
印　　次：2024年6月第1次印刷
书　　号：ISBN 978-7-5546-2406-7
定　　价：46.00元

如有印装质量问题，请与印刷厂联系。0318-5302229

在《儿童的人格教育》一书中，个体心理学派创始人阿德勒提出："幸运的人用童年治愈一生，不幸的人用一生来治愈童年。"如果孩子在童年时期能够拥有父母温情的陪伴和无微不至的照顾，与父母有良好的情感交流，那么他就会获得更多的安全感和自信心，就会拥有健全的人格，就算在今后的人生道路上遇到困难和挫折，他也能从温暖的童年中汲取无穷的勇气和力量。

相信父母都想让孩子拥有幸福、温暖的童年，但并不是所有父母都懂得该如何去做。

您是否常常会遇到以下问题：明明想表达对孩子的关心、赞美，最后说出的话却带着居高临下的说教意味；明明想引导孩子去改正某些不良习惯，一开口却变成了斥责和质问孩子……这是什么原因引起的呢？很大可能是父母的话术有问题。

有些父母习惯于端着家长的架子，在孩子满怀热情地求表扬时，居高临下地采用说教、斥责、质问的话术，让孩子败兴而归。有些父母讲究权威，面对孩子那些屡教不改的坏习惯，会因恨铁不成钢而采用粗暴的话术，或者给孩子贴负面标签，结果孩子虽然暂时屈服于父母的权威，却产生了逆反心理。

不恰当的话术不仅会给孩子带来负面影响，让孩子变得消极和自卑，还会对亲子关系产生恶劣影响，造成亲子关系紧张。

这本书中提到的话术，不仅指说话的态度和方式，还包括在具体场景中的具体话语，给父母一些可操作性强的建议。

本书列举的表扬实例、批评实例，并没有采用特别的语言，也没有"神奇语句"，有的只是情绪平和、朴实温暖的话。正是这些语言，可以给孩子带来信心和勇气，可以拉近亲子关系，可以让孩子拥有前进的动力和温暖的童年。

此外，本书每一节都列举了不恰当的话术，希望能帮助父母发现在与孩子沟通的过程中存在的问题。同时，本书还给出了一些合理的话术建议，旨在帮助父母提高亲子沟通的效率，做会表扬、会批评的优质父母。

"良言一句三冬暖，恶语伤人六月寒。"有感情的话语最容易打动人心，而孩子很在意亲子沟通中的感情，因此，请广大父母在亲子交流中一定要让孩子感受到你的爱。

教育孩子的话术没有统一标准，即不可能只有一个正确答案。如果父母不能按照本书的建议去做，请不要感到自责。请保持轻松的态度同孩子进行交流，相信你们的亲子关系会越来越融洽。

上 篇
表扬：不"内卷"的孩子也优秀，良言为亲子关系加分

第1章
有进步就要赞美

第 4 章
鼓励是表扬的起点

下　篇
批评：孩子愿意听才有效，不做恶语伤人的父母

第 5 章
批评第一步，拒绝语言生硬

第 6 章

批评要做到不急不躁

·上 篇·

表扬：不"内卷"的孩子也优秀，
良言为亲子关系加分

第1章 ▶ 有进步就要赞美

当孩子专注时：

"这火箭模型做得真精细，你一定用心了！"

表扬实例

经过几天的努力，航航终于组装好了火箭模型，他激动地说："火箭即将发射……这艘火箭，同学们一定会喜欢的！爸爸，您看我的火箭……"爸爸很有兴致地走过来，竖起大拇指说："这火箭模型做得真精细，你一定用心了！看来做事情还是得专注啊！"

当孩子认真努力地复习了很长时间的声乐知识，终于结束一场音基考试时，不管最终取得怎样的成绩，孩子都希望获得父母的肯定与认可；当孩子用了很长时间，终于完成了一幅画作时，无论画作是否能得奖，孩子也都希望获得父母的赞美与表扬。

无论是成年人还是孩子，每个人都渴望获得肯定与赞美，因为大家都有被认可的心理需求。你听过罗森塔尔效应吗？它表明：热切的期待和赞美可以带来奇迹，因为赞美会产生无穷的力量，可以最大限度地激发人的潜力。

每个孩子身上都有闪光点，父母应该对孩子持不吝赞美、不吝表扬的态度，要知道好孩子是夸出来的，而不是批评出来的。也许有些父母会担心，过度地赞美孩子，孩子会产生骄傲自满的心理，不愿意继续努力了。其实，只要父母掌握赞美孩子的方法，不仅不会让孩子停滞不前，反而会激励孩子勇往直前。因为对孩子而言，父母的赞美是一种莫大的鼓励，会增强孩子前进的勇气、动力与信心。

当然，父母在赞美孩子时也不要盲目夸赞，而是要遵循一定的话术原则。比如，多赞美孩子的努力过程与专注精神，多表扬孩子尝试的勇气、坚持的态度等。

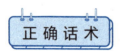

错误话术

有的父母习惯赞美孩子先天具有的优势，但是这类优势不需要通过后天努力就已经存在了，所以对孩子不仅起不到激励作用，反而会让孩子的自我认知产生偏差。这种赞美本质上属于欺骗，总有一天会被孩子识破。而过度的赞美则接近吹捧，是起不到激励孩子的作用的。常见的错误赞美话术如下：

> "你真是个运动天才，长大了肯定能当运动员！"
>
> "你钢琴弹得真好，真有天赋！"
>
> "你就专心研究你的火箭吧，以后不用写作业了。"
>
> "今天的话剧的男主角太差劲了，你要是去演肯定比他演得好。"

正确话术

父母可以赞美孩子的坚毅与勇气，还可以赞美孩子的耐力与意志力，这不仅会让孩子获得肯定与鼓舞，还会增强孩子继续前进的信心与动力。当然，赞美除了要实事求是外，还要把握好度。大家可以参考下面的话术：

"攀岩是一项非常考验人的体力与意志力的运动，没想到你居然坚持了半年，真为你感到骄傲！"

　　"虽然你的乐感不是最好的，但很多著名的钢琴家的成功并不是只靠天赋。你能这么认真努力地每天坚持练琴，一定会取得成就的。"

　　"你今天的作业做得太完美了！看来做事情还是得专注啊！"

　　"今天的话剧演出非常有感染力，你把角色诠释得很到位，与其他同学配合得也很好。"

　　请父母注意，那些没有事实依据的盲目赞美，或者完全出于主观想法的称赞、表扬，对孩子来说无益。因为孩子知道事实真相并非如此后，会觉得自己只是天资平平甚至还不如他人，进而会自我怀疑和自我否定。所以，赞美不仅要契合实际，还要充满正能量，这样才能让孩子相信并接受，为孩子指明到达梦想彼岸的前进方向。

当孩子优秀时：

"你这次的表演很出色，特别是最后的高音部分。"

 **表 扬 实 例**

萍萍走上了汇报演出的舞台，大方地说："今天，我演唱的歌曲是……"

演唱结束后，妈妈高兴地拥抱着萍萍，激动地说："萍萍，你这次的表演很出色，特别是最后的高音部分，处理得很棒。"

萍萍也很开心，对妈妈说："妈妈，我会继续努力的。我长大后想做一名歌唱家。"

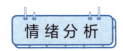 **情 绪 分 析**

孩子就像是一座丰富的宝库，等待着寻宝人去发掘其中的宝藏。每个孩子都有自己的闪光点，需要父母去细心地搜寻。

也许有些父母会不以为然，觉得自己的孩子就是一个很普通的孩子，学习成绩一般，没有什么特长，性格也不够活泼开朗，没有可圈可点之处。其实，父母这样想是错误的。父母有这样的想法，主要有两点原因。

第一，父母不够细心，没有从更深层次着手去发掘孩子身上的优点。比如，有的孩子虽然学习成绩一般，但心地善良，富有同情心，热心助人；有的孩子虽然性格比较内向，但情感细腻，善于观察。每个孩子的身上都有优点，父母需要发掘孩子的优点并给予肯定，以帮助孩子变得更加优秀。

第二，父母用世俗或功利的标准来评价孩子。只要孩子的学习成绩不拔尖，家长就会认为孩子没有什么优点。其实，父母在对孩子进行评价时，应该把眼光放远，评价标准应该更加多元化。

懂得表扬孩子的父母都知道，每个孩子都是独一无二的存在，每个孩子的身上都有自己的闪光点。如果父母能够帮助孩子发现他们身上的闪光点，就可以让孩子在增强自信的同时，更好地认识自己，明确自我定位，进而使孩子变得更加自信和优秀。

错误话术

每个孩子都希望得到父母的肯定和认可，如果父母盲目地将孩子定性为"普普通通"，那孩子就会缺乏正确的自我认知，进而自信心受挫，产生悲观心理。当孩子在某方面表现突出时，父母如果不能及时地给予肯定、夸奖与赞美，就可能会打击孩子的自信心。

"你就是一个普通的孩子，妈妈只希望你开心，做手工不要太累。"

　　"我看你就是千里马，不用那么拼，也会被伯乐发现。"

　　"俗话说'人外有人，天外有天'。你在舞蹈的道路上还有很长的路要走，千万不要因为一时的成就而骄傲！"

正确话术

　　孩子身上的闪光点具有隐藏性，这需要父母细心观察，用"放大镜"去寻找孩子身上的闪光点，帮助孩子充分展现闪光点。尤其是在孩子有了出色的表现时，父母要给予及时且全方位的肯定和赞美。这有利于增强孩子的自信心，让孩子得到鼓励，从而将其自身的优点进一步展现出来。

　　"你真是个动手能力很强的孩子。这个小鸟模型做得栩栩如生。"

　　"酒香也怕巷子深。你只有多找机会展示自己，大家才会更加了解你的水平。"

　　"今天你在台上的表演很精彩，你的舞蹈动作优美且富有感染力，观众的反响很好。我真为你感到骄傲！"

在展示自我的过程中，孩子不仅能进一步认识自我，还能在外界的反馈中发现自己的优点。所以，父母要多鼓励孩子进行自我展示，这样孩子的优点才有机会得到展现并获得广泛认可，这有利于帮助孩子增强自信，进一步发扬自身的优点。

当孩子聪慧时：

> "这么难的数学题你都做对了，真厉害！"

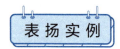

表扬实例

萱萱今天在学校被数学老师表扬了。在做第二单元的习题时，萱萱做对了一道很难的数学题，因此老师在全班同学面前表扬了她。萱萱回家后向妈妈炫耀，妈妈高兴地说："这么难的数学题你都做对了，真厉害！"

情绪分析

有些父母习惯给孩子泼冷水。比如，当孩子取得好成绩被老师表扬，兴高采烈地向父母炫耀时，父母却未给予应有的肯定和表扬，反而打击孩子。试想哪个孩子能不失落呢？

换位思考一下：当你兴高采烈地拿着通宵写出的方案交给领导

时，满心期待得到认可，却被领导告知要重新做，你的内心是不是非常失望呢？相信你再多的热情也被这盆冷水浇灭了。更何况，孩子的承受力无法与成人的相比。

那么，习惯泼冷水的父母会给孩子带来哪些影响呢？

1. 使孩子失去尝试的勇气

当孩子被父母泼冷水的次数多了之后，就容易出现习得性无助。所谓习得性无助，是指在反复尝试着做一件事却无法获得成功的情况下，会形成一种思维定式，即"我多么努力都不会有用"。于是，人们会放弃尝试，哪怕结局能得到好的变化，也不愿意再进行尝试。父母对孩子一次次的泼冷水式的教育，最终会让孩子出现习得性无助，失去尝试的勇气。

2. 使孩子的自信受到打击

当孩子在数学学习中取得突破的时候，他的心中充满了喜悦和自信。在这种情况下，孩子渴望得到父母的肯定，然而如果他得到的是父母的否定，甚至嘲讽，他学习的信心就会受到影响。有网友在微博上坦言，自己小时候在家庭聚会上鼓起勇气唱歌，妈妈却当众嘲笑他"唱得太难听了"，结果他再也没有当众唱过歌。即使长大以后，每当回想起这件事时，他依然很难过。

父母的打击对孩子造成的伤害是深重的，并且这种伤害会伴随孩子的一生，如同一根针一样扎进孩子的内心，无论任何时候，只要碰一下，就会很疼。

很多传统的父母都有类似的想法，他们一边暗自为孩子取得的成绩高兴，一边又用言语打击孩子，因为他们害怕孩子骄傲自满。在不少父母看来，给孩子泼冷水，其实是"为了孩子好"。明明是在呵斥孩子，却声称这是爱孩子的表现，这对单纯的孩子来说，实在难以理解。

"你赶紧去玩吧，净给我帮倒忙。"

"就你这样还想成为舞蹈家？我看你只有三分钟热度。"

"哎呀，您真是过奖了，他可没有您说的那么优秀。"

"你不就考了个第三名吗？有什么值得高兴的，又不是第一名！"

"看看你的分数，你还好意思去踢球？"

当孩子在某方面取得进步时，父母不要打击孩子，也不要只是笼统地表扬一句。要明白，孩子的每一点进步，都是他自己努力的结果。父母要善于发现孩子的进步，即便是很小的进步，也应当给予鼓励和表扬，以达到正强化的目的，这样才能让孩子变得越来越优秀。

"太好了，你能主动帮妈妈做饭，我很高兴。你来洗菜吧。"

"尽管学芭蕾舞很辛苦，但你一直有个跳天鹅舞的梦想，因此妈妈相信你肯定能坚持下去。"

"感谢您对孩子的称赞。听了您鼓励的话，孩子肯定会更加努力的。"

"爸爸妈妈知道你这学期一直很努力，我们为你感到骄傲！"

"你考了第三名，祝贺你，进步很大，这是你每天认真学习的回报。"

"踢球是很好的运动，可以强身健体，妈妈支持你！但妈妈也希望你不要因此耽误学习。"

　　父母既然爱孩子，那就应当用充满爱的语言向孩子表达。比如，当孩子展现出做事的主动性时，父母一定要给予鼓励，避免打击孩子的热情，这样才能让孩子有信心和安全感。当孩子被老师或者亲友表扬时，父母要给予认同，而不是过分谦虚地回应，因为过分谦虚会让孩子觉得没有得到父母的认同，从而感到沮丧。毕竟，相较于其他人的看法，孩子更在乎的是父母的评价和认可。

当孩子善良时：

"你帮王爷爷提东西，真是个热心的好孩子。"

表扬实例

邻居王爷爷对依依妈妈说："依依可真是个好孩子，每次见到我都陪我聊天，还帮我提东西！"

妈妈回家后，当众表扬了依依："王爷爷表扬了依依，说依依帮他提东西。依依，你真是个热心的好孩子。"

爸爸说："咱家里有个小雷锋，依依真是个善良的孩子！"

奶奶说："依依能主动帮助老人，真是个好孩子！"

情绪分析

著名教育家苏霍姆林斯基曾说："善良的情感是良好行为的肥沃土壤。"然而，大部分青少年表示，他们的父母更加关注的是他们的成绩或身心健康，而对于他们是否关心他人，是否善良、热情，则不甚关注。其实，培养孩子善良、热情、礼貌、负责任的品格，是非常重要的，因为这些品格对人一生的影响远超过能力本身。

那么，父母究竟怎样做才能培养孩子善良的品格呢？

首先，父母要善用正能量的语言来引导孩子。在孩子成长的过程中，要注重培养其善良的品格，鼓励孩子在他人需要帮助的时候主动伸出援手。比如，我们要引导孩子学会察觉身边人的难处，在身边人遇到困难时，及时伸出援手。

其次，当孩子做出帮助他人、关心他人等行为时，父母要及时给予赞美与肯定。对孩子的行为给予肯定，就会让孩子感受到父母乃至社会的认可，让孩子的内心受到激励和鼓舞。

最后，教会孩子用正能量的语言与人交流，给他人带去温暖。俗话说："良言一句三冬暖，恶语伤人六月寒。"因此，父母不仅要在行动上引导孩子善待他人，还要让孩子懂得当他人遇到困难时，可以用真诚的话语、暖心的安慰等来表达对他人的善意。

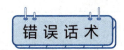

错 误 话 术

当孩子做出热情和善良的行为时，如果没有在父母这里得到肯定、表扬和赞美，孩子的积极性可能会受到打击。更糟糕的是，如果父母说出一些不恰当的话，很容易让孩子失去责任感，甚至可能使孩子朝着自私自利、以自我为中心的方向发展。这样不仅不利于孩子身心的健康发展，还会影响孩子的人际交往。

"你不就是送给同学几张作文纸嘛，没什么可表扬的，同学之间就应该互相帮助。"

"你先把自己管好，再去操心别人的事。"

"你还是小孩子，管好自己就行了，大人的事情不需要你操心。"

"您别客气，他帮助小朋友是应该的。"

正 确 话 术

孩子的善良行为往往需要父母的鼓励与指引，如果父母用正能量的语言向孩子传递积极、正确的价值观，孩子就会认识到热情、善良、乐于助人是被社会所认可的，是一种优秀的品质。对孩子来说，自己的善良行为得到了父母的肯定与认同，这本身就是一种鼓舞，会让孩子更加热情地对待他人。话术建议如下：

"你把作文纸送给需要的同学，这种帮助别人的行为非常好，值得被表扬。"

"听说今天足球课上，你主动送受伤的同学去了医务室，你真是助人为乐的少年！"

"听过'赠人玫瑰，手有余香'这句话吗？在王爷爷需要帮助时，你及时伸出了援手，我相信你的行为会获得大家的表扬。"

"那个穿红色外套的男孩怎么了？他怎么一个人在哭？是不是和家人走散了？我们过去看看吧。"

关心和帮助他人，不仅是建立良好人际关系的基础，还是让自身得到锻炼的途径。父母引导孩子表达善意、帮助他人，能帮助孩子获得一定程度上的心理满足和社会认可，有利于孩子逐渐培养出优秀的品格。

当孩子自信时：

"你今天收获了勇气，战胜了不想爬山的自己！"

表扬实例

周末，凡凡和爸爸妈妈一起去登山。没一会儿，凡凡就开始抱怨："好高啊，我害怕！""好累啊，我们回家吧！"爸爸鼓励凡凡："挑战一下，这是你重新认识自我的机会。"妈妈说："加油，你一定能登顶！"

最后，凡凡坚持爬到了山顶，爸爸对凡凡说："你今天收获了勇气，战胜了不想爬山的自己！"

情绪分析

社会心理学家发现：一个人得到赞扬、理解和尊重，能收获生活的动力和自我价值感。对于孩子而言，来自父母的肯定与赞美尤为重要，这些正面反馈不仅能增加孩子的信心与勇气，还会让孩子在成长过程中对生活和学习保持动力。

当孩子在某些方面存在短板或缺陷时，他们就很容易陷入自我否定或自卑的困境之中。这时，假如孩子能够勇敢进行尝试，那么无论结果如何，父母都应该对孩子勇于尝试的精神给予肯定和赞美。要让孩子明白"千里之行，始于足下"的道理，鼓励他们勇敢地迈出第一步。假如孩子的尝试和努力没有得到及时的肯定，孩子可能会失去自信和勇气，不愿意再继续努力。

我们周围不乏这样的孩子：他们因为学习成绩不好，而逐渐对学习失去了信心与勇气。孩子放弃学习的一个重要原因是学习方法不当，加之父母没有及时给予帮助和鼓励。久而久之，孩子便容易产生自我怀疑，进而自我否定，最终陷入自卑的状态之中。

有些孩子会有一些先天或是后天的"短板"，比如恐高、怕黑、怕水、害怕与人相处等。如果父母能够经常给孩子加油打气，孩子将会增强信心，进而勇敢面对并战胜困难。

每个孩子都有自己的长处和短处，父母要做的就是了解孩子的性格特征和优缺点。特别是看到孩子的进步时，父母一定要对孩子进行鼓励、称赞，这样才能使孩子信心百倍，勇敢地面对人生。

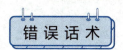

错误话术

当看到孩子用行动克服心理短板时，如果父母没有及时对孩子进行恰当的赞扬，孩子会觉得自己努力战胜自我、战胜困难的行为没有得到明确的认同和肯定，从而使孩子逐渐失去战胜自己的动力。不恰当的话术如下：

> "你成功登顶也没什么可骄傲的，以后要多锻炼身体。"
>
> "你这不是能晚上自己去卫生间了吗？以后都自己去。"
>
> "等你考到班级前三名，妈妈就给你奖励。"
>
> "你是哥哥，要有哥哥的样子，要好好照顾弟弟。"

正 确 话 术

实现自我、超越自我需要一步一步来进行。父母可以将"优秀"这一目标逐步分解，对孩子的每一个进步点都给予肯定、赞扬，为孩子奋勇前行增加动力。父母作为最了解孩子实际情况的人，要及时发现孩子的长处，给予孩子恰到好处的鼓励和称赞，以帮助孩子提升自信心。

> "虽然你身体不是很强壮，但今天能坚持攀岩并成功登顶，你真是一个有勇气、有意志力的孩子。妈妈为你感到骄傲！"
>
> "如果你今天晚上敢一个人去卫生间，就成功地完成了一次自我挑战，就值得被表扬。"
>
> "你这次测试的成绩和上次相比有了进步，妈妈决定奖励你

一本新书，你真棒！"

　　"我看你和可乐弟弟交流得非常愉快，你的人际交往能力真的是越来越强了，你越来越会跟朋友相处了。"

　　当孩子展现出渴望寻求改变、战胜自我、取得进步的想法或行动时，父母应当根据实际情况及时对孩子进行肯定和表扬，在"量"的积累阶段多多鼓舞孩子，会让孩子早日实现"质"的飞跃。切记，父母要重点表扬孩子战胜自我、取得进步的具体细节，这样孩子会更加清楚地知道父母一直在关注自己的努力，而其进步的速度也会加快。

第2章　越表扬，孩子学习越优秀

当孩子成绩不佳时：

"只要坚持认真学习，你肯定会越来越优秀的。"

表扬实例

　　期末测验的试卷发下来了，瑞瑞的成绩不理想。他失落地坐在书桌前，觉得自己太笨了。心情很糟糕的瑞瑞哭丧着脸问妈妈："妈妈，我又没考好，是不是我太笨了？"妈妈温柔地安慰他："瑞瑞，这只是一次测验的成绩，妈妈相信你一定是个聪明的孩子。"

　　有些孩子考试成绩不理想时，容易陷入悲观的情绪，生出"我不行""我太笨了""我不会""我做不到"等消极的念头。无论父母如何安慰，这些陷入悲观情绪的孩子还是会过度关注事物的负面，而不愿意积极地面对挑战。心理学家普遍认为，一个孩子是乐观还是悲观的关键在于其思考模式，而这种思考模式跟父母的教育方式有关。以下三种教育方式很容易导致孩子产生悲观情绪。

　　首先，过度批评。孩子没考好时，父母张口就说："你真是够笨的，这样下去，别说考大学，考高中也没戏。真是一无是处！"长期如此，孩子就会觉得自己什么都做不好，给自己贴上"我很笨"的标签。

　　其次，过度夸大后果。有的父母习惯夸大后果，当孩子吃东西比较快时，他们就说："吃得太快了，如果食物呛到气管里，就要去医院把气管切开。"当孩子上下楼梯快了时，他们就斥责："慢点，要是从楼梯上摔下来，你的腿会摔断。"父母对行为后果的过度夸大，往往会限制孩子的行为，导致孩子越来越胆小、懦弱。

　　最后，否定式教育。当孩子想和别的小朋友一起玩时，父母却对他说："你太小了，大孩子会欺负你。"当孩子对跳舞感兴趣时，父母却对他说："你从小就胖，胖子不适合学跳舞，大家会嘲笑你的。"每天父母都对孩子说否定的话，孩子又怎么可能乐观呢？

意大利幼儿教育家玛利亚·蒙台梭利认为：每个孩子都喜欢观察这个世界，也特别容易被成人的行为吸引，进而模仿。所以，父母的言行会直接影响孩子的性格、心态。因此，父母应避免说一些不合适的话，比如：

> "瑞瑞，这次考了95分没关系，你再努力一些，下次可以考100分。"
>
> "平衡车太危险了，你看，又摔倒了吧！算了，咱们不玩这个了。"
>
> "你把轩轩最喜欢的乐高弄坏了，这下闯祸了吧！"
>
> "其他同学怎么都能背会？你背不会，就一句一句地背。多背一会儿，晚点去睡觉。"

许多孩子在面对困难时都会有畏难情绪，此时如果父母使用负面的话语来打击孩子，那么孩子往往会逐渐失去信心。而父母的理解和成功的体验，可以帮助孩子提高自信心。在沟通的时候，父母可以帮孩子将大任务拆解成可操作的小任务，这样不仅能减轻孩子的心理负担，还能将孩子的积极性和主动性调动起来。父母可以这样说：

> "瑞瑞，这次考了95分已经很不错了，但我们还有提升的空间。我们来看看是哪方面的题出错了，争取下次不再犯同样的错误。"
>
> "平衡车的确很危险，但肯定有办法避免摔倒。来，让我们复盘一下刚才哪个动作没做到位。你的平衡感还是不错的，相信你很快就能学会的。"
>
> "你把轩轩最喜欢的乐高弄坏了，妈妈知道你不是故意的。但做错事应该先道歉，然后想办法补救。比如，试着帮轩轩重新拼好乐高，或者送他一个小礼物表示歉意。你一向擅长跟朋友沟通，妈妈相信你能处理好这件事。"
>
> "是吗？那我们看看有哪几段需要背诵，你要不先试着背一段？要对自己的记忆力有信心。"

当孩子表现得不尽如人意的时候，父母要给予孩子理解，并引导孩子主动寻求解决问题的方法。孩子在成长过程中需要不断地进行尝试，当孩子不自信时，父母不要因孩子表现不佳而传递一些负面的话语。此时，父母的一句鼓励便能给孩子带来强大的动力，让他有信心去尝试、去努力。

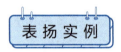

当孩子应付作业时：

"你书写再认真一点，老师一定会表扬你的。"

表 扬 实 例

妈妈在检查飞飞的语文生字本时，发现飞飞的字写得歪歪斜斜，连横平竖直都做不到，有的字还会多一笔、少一画……这让妈妈感觉飞飞是在应付差事。妈妈虽然感到很无奈，但还是先让自己的心情平静下来，然后回想着话术老师指导的内容，耐心地对飞飞说："你可以试着书写得再认真一点，老师明天肯定会表扬你的。老师喜欢……"

情 绪 分 析

每个孩子都想早点写完作业去玩，这是孩子的天性。但孩子应付作业的行为确实让父母忧心不已。虽然父母指出孩子缺点的目的是希望他改正，但结果往往很难如愿。因为父母越是把关注点放在孩子那些不好的行为上，孩子的这种行为反而会变得越来越频繁。所以，父母应该多肯定孩子，才能更好地实现教育目的。

虽然人们习惯于关注他人的不足之处，但为了提高孩子写作业的积极性，父母应该尽量减少对孩子的批评，多给予孩子肯定。同时，父母还可以委婉地给孩子提出建议，如"你可以试着这样做"。

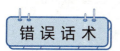

错误话术

父母越是否定孩子，孩子就越容易朝着不好的方向发展。所以，父母应该一边肯定孩子的努力和进步，一边将自己的想法传递给孩子。当孩子写作业比较敷衍的时候，父母跟孩子沟通要像对待很重要的朋友一样。与重要的朋友沟通，你一定不会严厉地批评他，不是吗？

"无论说多少遍，你的字还是写得这么难看。你应该写得又快又好才行。"

"你的字写得太不工整了！认真一点！"

"明明我说过很多遍了，可你这不认真的毛病就是不改，我都不记得这是第几次说你了。"

"我和你说过很多遍，让你认真点，一笔一画地写字。"

"我是不是跟你说过，字迹潦草容易出错！"

"你怎么能看答案啊！这样做作业不就没有任何意义了吗？"

"你这样可不行啊！错误太多了……"

正 确 话 术

孩子写作业比较敷衍，可能是因为所处的环境让他无法安下心来学习。父母要给孩子营造一个安静的学习环境，同时尽量空出时间陪伴孩子，这样孩子才能真正地静下心来。此外，父母要多说一些鼓励的话，比如：

> "你完成作业了啊！今天主动写作业，必须表扬一下。"
>
> "你要是能静下心来，把字写得再认真一些，就更完美了。"
>
> "你如果书写再认真点，会更容易得到老师的表扬。"
>
> "你可以试着把速度放慢一些，再仔细一点，会更好。"
>
> "你明明可以全部做对的，太可惜了。你觉得怎样才能避免再犯类似的错误呢？"
>
> "妈妈觉得还是先做完题再看答案比较好，你觉得呢？"
>
> "这几道题做错了，你自己能改吗？妈妈相信你能找出问题并改正错误。"

闲聊的时候，父母可以和孩子探讨一下"为何要学习，学习好对自己有什么好处"这个话题。比如，学习好的话，以后就业的路会更宽广，或是能够更好地帮到其他人……每个人都有不同的想法，也许某个点恰好会触动孩子的内心。孩子也许因为年纪还小暂时对这个问题认识不深，经过探讨后，知道了"学习还能带来这样的好处"，那以后学习时的状态可能就更积极了，跟之前只是应付学习会大不一样。

当孩子不愿预习时：

"认真预习可以帮助你提高听课效率和学习兴趣……"

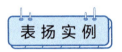

表扬实例

青青一边噘着嘴、皱着眉头，一边翻着语文书，嘟囔道："我最不喜欢预习了，浪费时间，玩会儿乐高多好。"妈妈听后笑笑，温柔地说："认真预习可以帮助你提高听课效率和学习兴趣，从而取得好成绩。"

情绪分析

先复习，再写作业，最后预习，这通常是父母辅导孩子写作业时的步骤。这样做，可以保证孩子的听课质量，提高孩子的学习兴趣，帮助孩子养成自主学习、主动思考的习惯等。但是，获得预习的好处需要一个前提，那就是孩子对预习持有主动、积极的态度。如果孩子不愿意预习，那么父母强行要求孩子坐下来预习的效果往往会大打折扣。

其实，孩子不愿意预习是有原因的，常见的原因有以下三点。

第一，孩子认为预习没有必要：反正老师上课都是要讲的，何必花时间去预习呢？

第二，完成当天作业之后，孩子可能感到疲惫，没有足够的精力去预习。

第三，孩子本身的学习兴趣就不高，排斥预习。

错误话术

虽然预习确实有很多好处，但是有些孩子很排斥预习，他们不愿意花时间去预习。父母常常以"让你预习，都是为你好"这类话术来教育孩子，亲子间就容易产生冲突。在这种情况下，有些父母难免会对孩子说一些不恰当的话，比如：

"让你预习是为了提高你的听课效率，都是为你好。"

"你课前不预习，课上听不懂。你不想预习也得预习，这事没得商量。"

"让你预习又不是在害你，不都是为了培养你的自主学习能力吗？"

"我逼你预习，虽然你现在不高兴，但以后你会感谢我的。"

正确话术

明智的父母会根据孩子的状态来分析孩子不愿意预习的原因，然后采取不同的话术，从而有针对性地引导孩子，使其对预习保持积极、主动的态度。下面是给父母的一些话术建议：

> "我注意到你对预习的积极性似乎不太高。但你知道吗？预习可以让你更轻松地听懂老师的讲课内容，让你的成绩更好。"
>
> "跟妈妈说说，你觉得预习有必要吗？理由是什么？"
>
> "让你预习是为了帮助你提高听课的效率，而且预习是个很好的学习习惯，妈妈相信你能一直坚持下去！"
>
> "你知道吗？认真预习会提高学习兴趣。你要不试着先预习一两课呢？"

父母要求孩子预习，目的是希望预习能给孩子的学习带来益处。因此，父母要学会站在孩子的角度，去倾听孩子的心声，找到孩子不愿意预习的根本原因，再有针对性地进行话术引导，争取让孩子养成预习的好习惯。

当孩子嫌作业多时：

"如果你上午能完成作业，我就奖励你一顿大餐。"

表扬实例

小哲的口头禅是"作业太多了"。他周末又坐在书桌前叹气，妈妈问："你怎么啦？有什么不开心的事情吗？"小哲说："哎呀，今天作业太多了！"妈妈笑了笑，对小哲说："如果你上午能完成作业，我就奖励你一顿大餐，怎么样？"

情绪分析

孩子总是抱怨作业太多写不完，甚至不想写作业，这令很多父母感到十分苦恼。当遇到这种情形时，有些父母会以高高在上的姿态，用一些不合适的话术对孩子进行指责或说教，这些话术往往会对孩子的专注力、学习效率产生消极的影响。

那么，孩子为什么会抱怨作业太多呢？下面列举了五种比较常见的原因。

第一，孩子不愿意长时间坐着写作业，他们通过抱怨来表达希望父母调整一下学习计划的想法。

第二，题目难度大，孩子有畏难心理。

第三，孩子心不在焉，不想做作业。

第四，学习效率低。

第五，作业量确实过多了。

错误话术

当孩子抱怨作业多的时候，如果父母采用指责的话术来应对，不仅会加剧孩子的负面情绪，还会破坏亲子间的沟通氛围。常见的错误话术如下：

> "你有这抱怨的工夫，还不如好好写作业呢。你赶快写，不写完不准睡觉！"
>
> "作业多也是为了你好，少废话，赶紧写。"
>
> "就你作业多，别人就不多吗？"
>
> "多什么多？我看是你废话多，赶快写！"

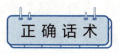

正确话术

当遇到孩子抱怨作业太多时，父母应避免一味地指责孩子，这样做既不利于帮助孩子认识自身的不足，也不利于提高孩子的学习效率和学习兴趣。父母要学会用积极的心态和语言来引导孩子，帮助孩子克服这个难题。下面是给父母的一些话术建议：

> "我也觉得今天的作业有点多，但如果你能合理安排时间，还是能很快写完的。你一直很擅长时间管理，可以试着先制订一个写作业的计划。"
>
> "怎么啦？你是遇到什么问题了吗？我相信你凭借着聪明才智定能很快解决问题。"
>
> "你说的作业多，是指所有科目加起来的作业吧！咱一科一科地做，相信很快就可以搞定啦！"
>
> "你是不是不想在书桌前坐太长时间啊？你可以每做完一科的作业就休息一会儿嘛！"
>
> "我们试着制作一个时间表，把作业分成几个部分，每完成一个部分就休息一下，这样就不会觉得那么累了。"
>
> "如果你在某个题目上遇到了困难，我们可以一起讨论一下，或者看看老师给的讲解视频，这样你就能很快完成作业了。"

当孩子带着抱怨的情绪向父母倾诉作业多时，父母要以积极、乐观的态度回应孩子，而且言语间要对孩子的心理感受表示理解和认同，这样才能更好地帮助孩子调整心态，促使孩子更加积极、高效地完成各科作业。

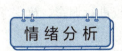

当孩子受到排挤时：

"你答对了这道题，说明你能够举一反三。"

表 扬 实 例

在学校的时候，老师在黑板上出了一道题，问："这个问题哪位同学会解答？"

雯雯主动举手回答，她的回答得到了老师的表扬："雯雯同学解答得很正确，大家要向她学习。"但是，下课后她听到同学在背后说她"想出风头"，甚至受到部分同学的孤立、排挤。

妈妈知道这件事后，对雯雯说："你答对了题，说明你很好地掌握了知识，且敢于表达。回答问题是你的权利，你做好自己就行，肯定有同学认可你的优秀。妈妈支持你！"

情 绪 分 析

其实，孩子从走进校园开始，就可能因为种种情况而受到同伴的孤立、排挤，这对孩子的心理、行为都会产生很大的影响。有些时候，孩子的一些行为虽然是正当的，但可能会令其他孩子产生不满或者嫉妒的情绪，而使孩子遭受"爱出风头""和老师套近乎""假装不爱学习"等误解，从而被大家排挤。

父母可能听说过或看过有关校园暴力的信息，但是对校园冷暴力这一概念，大家恐怕还不是很了解。校园冷暴力，是指师生或者同学间出现的非肢体的攻击行为，常见的表现形式包括歧视、嘲讽、孤立、羞辱、漠视、孤立、疏远等。这些行为会给受害者造成心理创伤，有时甚至会使受害者患上生理疾病和心理疾病。所以，父母一定要重视这个问题。

假如孩子在学校真的犯了错误或者中伤了同学，父母应当引导孩子去道歉和补救。但是当孩子遭遇校园冷暴力，被误会、中伤，从而被排挤时，父母应该怎么做呢？这里给大家几条建议。

一是倾听并理解孩子的感受。首先，努力为孩子营造一个安全的环境，让他们能够自由地倾诉自己的感受和经历。认真倾听孩子的想法，让孩子感受到被理解和支持。

二是收集证据和信息。尽可能地收集有关校园冷暴力、误会和中伤的证据和信息。这可能包括文字、图片、视频或目击者的证词。

三是与学校沟通。立即与孩子的老师或学校管理人员取得联系，详细说明情况，并提供收集到的证据。要求学校进行调查，确保学校公正处理此事。

四是寻求专业帮助。如果情况严重或持续发酵，考虑寻求心理咨询师或儿童心理专家的帮助，为孩子提供必要的心理支持。

五是持续关注孩子的状况。定期观察孩子的情绪和行为变化，确保他们能够适应并克服校园冷暴力和误会带来的负面影响。

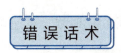
错误话术

人生旅途中，我们免不了会遇到各种各样的人，谁也不能保证现在的朋友就会是永远的朋友。当孩子受到朋友的冷暴力时，父母可以安慰和开导孩子，并鼓励孩子去结交一些志同道合的新朋友，不要沉溺于过去，要积极地拥抱未来的生活。

"雯雯，他们不举手是因为不会，你能答对问题说明你比他们更优秀。你不要感到烦恼，他们就是在嫉妒你。要是以后他们还这么对你，你就告诉老师，让老师教训他们。"

"你知道自己这么做没有错，为什么还难过？是排挤你的同学做错了，他们的行为会被老师批评的。"

"排挤你的同学里应该没有你的好朋友吧？他们这么做，是因为不了解你。不过，他们真是太不像话了。"

正确话术

因为父母没有办法在孩子每一个可能受到伤害的时刻都守在孩子身边，所以从长远角度来看，父母有必要帮孩子锻炼出一颗强大的内心。只有当孩子内心足够强大时，他们才能在面对危机的时候，迅速调整心态，无惧任何明枪暗箭。话术建议如下：

"首先，你课上主动回答问题是值得肯定的，这是你积极参与课堂讨论的表现，所以你没有必要自责。其次，同学们不举手或许是他们没有想好答案。如果有人因此嫉妒你，你无须过于在意，更没必要去过多解释，做好自己就可以了。"

"这只是一件小事，等你以后见识了更大的世界，会遇到更多不被理解的情况。我们虽然没有办法堵住别人的嘴，但是我们可以练就强大的内心。当你坚定地做自己认为正确的事情时，流言蜚语不过是一阵风。"

"这说明你们在某些观念上存在分歧，你可以跟你的朋友当面沟通，看他们是否能理解你。爸爸相信，这个世界上肯定有跟你志同道合的朋友，他们能够理解你的想法。去认识一些新朋友吧，没必要陷在这件事中。"

当孩子遭受同伴的排挤时，父母应该敏锐地察觉这一情况，并及时了解事情的全貌，判断孩子的行为是对还是错。如果孩子行为完全得当，却遭受校园冷暴力，那么父母应该对孩子进行安慰与开导，鼓励孩子把内心变得更加强大，从而更好地面对生活和学习。在孩子发现自己和朋友有分歧，而孩子又没做错时，父母应鼓励孩子多去结交志同道合的新朋友，从而积极拥抱美好的未来。

第**3**章　越表扬，孩子情绪越稳定

当孩子攀比时：

"名牌并不代表一切，踢足球的技能和热情更宝贵。"

表扬实例

今天的体育课上，恺恺穿了他新买的名牌足球鞋，大家都特别羡慕，下课后都围着他聊有关足球鞋的话题。宁宁一直想要一双专业的足球鞋，放学后他对妈妈说："同学的新球鞋是名牌的，我也想要一双！"妈妈温柔地对宁宁说："我知道你对那双名牌足球鞋很感兴趣，但你知道吗？名牌并不代表一切，踢足球的技能和热情更宝贵。"

看到同学穿的鞋子是名牌的时候，宁宁心生羡慕，想让父母也给自己买一双名牌鞋。这其实是攀比心理的一种表现。所谓攀比心理，即个体发现自身与参照个体之间有偏差，从而产生羡慕、不满、追求超越他人等心理状态的过程。

从表面上看，攀比心理的产生是受外界刺激，但深入分析，它的产生有着深层次的内在原因。

首先，孩子的天真和单纯是产生攀比心理的基础。爱模仿的本性对孩子影响很大，使他们下意识地认为别人怎么做，自己也要怎么做；别人穿什么，自己也得穿什么；别人用什么，自己也应该用什么。

其次，一些父母本身就有虚荣心，爱与人攀比，孩子也容易被大人的这种行为影响。有些时候，孩子并不完全了解家里真实的经济状况。即使父母向孩子解释家里的情况，希望他以后等自己能赚钱了再买这些东西。但这种解释可能无法完全抑制孩子的欲望，反而让他们暗地里跟自己较劲，甚至某些时刻会在心里埋怨父母。

最后，父母对孩子的溺爱也是攀比心理产生的一个重要原因。被溺爱的孩子容易养成骄纵、以自我为中心的性格，从而产生"别人有的，我也得有"的攀比心理。

当然，攀比心理并不都是消极的，正向的攀比心理有时也能给孩子带来积极的影响。因此，父母要多引导孩子进行正向攀比。比如，引导孩子跟学习成绩优秀的同学进行攀比，鼓励孩子在运动能力方面跟同学或朋友进行攀比，等等。在鼓励孩子进行正向攀比时，父母还要引导孩子警惕过度的、错误的攀比，让孩子有原则、有底线地进行正向攀比。

假如父母自身就喜欢在日常消费水平方面和他人攀比，那么就不要指望孩子能够克服攀比心理。所以，父母应该以身作则，尽量在一言一行中做到不虚荣、不攀比，将自己朴实、低调的行事风格贯彻在生活的方方面面，这样才能让孩子耳濡目染，并潜移默化地影响孩子。在对孩子进行引导时，父母要避免一些错误话术，比如：

> "你怎么这么不懂事啊！虽说咱们家的经济情况不算差，但是你看看我和爸爸从来都不买名牌鞋子，你怎么小小年纪就追求名牌？你还没挣过一分钱，就开始追求这些了，长大了怎么办？"
>
> "别说了，我不同意。"
>
> "好好踢球就行了，没有名牌鞋难道就不能踢球了？"

孩子很容易受周围环境的影响而产生攀比心理。比如，当孩子发现别人有某样东西，而自己没有时，孩子就会感到自卑，进而滋生出

虚荣心。父母在察觉到这一点后，要及时引导孩子进行正向攀比，让孩子在自己的长处方面建立自信心。

> "妈妈知道那双鞋很漂亮，也很受同学们喜欢。但真正重要的是你在足球场上的表现，而不是你穿了什么鞋子。你的技术、你的团队精神和你的努力，才是让你在比赛中脱颖而出的关键。"
>
> "每个人都有自己独特的地方，不需要和别人一模一样。你的价值不在于你拥有什么，而在于你是什么样的人、你如何对待他人，以及你如何努力地追求自己的梦想。"
>
> "攀比只会让我们忽视自己真正想要的东西。我们应该学会珍惜自己已经拥有的，并努力追求自己的梦想。"
>
> "如果你真的喜欢那双鞋，我们可以一起看看它是否符合你的需求。但请记住，我们买东西的时候要考虑自己的实际情况和需要，而不是盲目跟风或者攀比。"

当孩子产生攀比心理时，父母要及时开导孩子，引导孩子理解大人赚钱的不易，从而学会珍惜钱财，体谅父母工作的辛苦。当然，父母还要让孩子在自己的优势方面找到信心，帮孩子塑造正确的价值观。在孩子的成长过程中，父母也要以身作则，为孩子树立节俭的榜样。

当孩子受挫时：

"你刚才有一步棋走得很棒。"

表扬实例

晚饭后，浩浩和爸爸下象棋。没想到浩浩连续输了六七盘，其中有几次都是棋差一着。浩浩因又一次输了而大哭，哽咽道："都输了一晚上了，我好难过啊！"看到浩浩如此难过，爸爸温柔地抱住他，然后轻声安慰道："你下棋时非常专注，虽然输了，但我觉得你刚才有一步棋走得很棒，让我都有点意想不到呢。"

情绪分析

每当孩子因受到挫折而伤心大哭的时候，很多父母倾向于迅速制止孩子的哭泣，主观地解读孩子哭泣或伤心的原因。在成年人眼中，一次比赛失败算不上什么大不了的事。于是，父母"没关系"式的安慰脱口而出，但结果往往是孩子哭得更伤心了。为什么"没关系"式的安慰没有效果呢？

第一，对孩子来说，当父母否定他们的难过时，他们会觉得自己不被理解。

第二，孩子会认为父母不允许自己展示脆弱的一面。但由于孩子内心尚未强大，他们会打造一层坚硬的壳，把内在脆弱的部分藏起来。

第三，为了自我保护，孩子会刻意变得强势。时间长了，孩子的胜负欲会越来越强，无法接受自己处于弱势地位，无法接受失败，甚至无法接受自己的普通。

第四，这种安慰方式会让孩子内心缺乏安全感，他们会认为只有自己比他人都强的时候才会有安全感。一旦真的处于弱势或者遭遇失败，孩子就会变得沮丧，甚至精神崩溃。

请父母设想一下：假如你在工作中，把一个大的项目搞砸了，正处于难过之中，这时同事甲走过来，漫不经心地说："哎呀，不就是一个客户吗？搞砸了就搞砸了，有什么大不了的。"你会是什么感受？同样的道理，父母这种"没关系"式的安慰，只会让孩子的情绪感受能力逐渐下降，甚至有可能失去同理心。常见的"没关系"式的安慰话术如下：

"输就输了，你也犯不着哭啊！参加比赛都会有输有赢的。"

"别哭了，别哭了。咱们再下一盘，这次让你赢，行吗？"

"小金鱼死了很正常。买的时候我就告诉过你，金鱼活不长。"

"你的好朋友都转学两周了，你怎么还在伤心啊？"

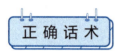

当孩子因伤心而难过或者号啕大哭时，父母千万不要急于劝慰，而应该先表达对孩子的理解，使孩子感到父母会跟自己一起面对挫折，能体谅和接纳自己的情绪。被父母理解的孩子，内心才会真正强大，才会有足够的安全感。父母可以这样安慰孩子：

"你每天从早到晚都在辛苦训练，没获奖你一定很伤心吧，妈妈理解你的心情。虽然没获奖，但是你也有很大的收获呢，因为你的水平提高了。我相信，只要你一直坚持，下次比赛你一定能有所突破，取得更好的成绩。"

"你下棋时全神贯注，虽然输了，但我觉得你刚才那一步棋下得特别有水平，让我都有点意想不到呢。"

"你的小金鱼死了，妈妈也非常难过。你对小金鱼的爱心，妈妈都看到了。等会儿我们把它埋到小河边，让它离水近一些，好吗？"

"我看你近期情绪低落，是因为好朋友转学这件事吗？虽然已经过去两周了，但是你可能还没适应这个变化。你要不要给你的好朋友打个视频电话？你可是'小太阳'呢，快把温暖带给你的好朋友吧。"

如果某件事对孩子的打击比较大，请给孩子多一些时间去平复心情，之后再对其进行安慰。"我看到你因为这件事难过了很长时间"之类的话术，会让孩子知道自己一直被理解、被关注。比如，孩子比赛失利时，父母可以先安慰孩子，再适当肯定孩子在平时训练或者比赛过程中做得好的地方，让孩子明白自己虽然输了比赛，但也有值得肯定的地方，这样孩子就会变得更加勇敢、坚强。

当孩子自私时：

"不知道吧？分享知识其实也是一种锻炼。"

表扬实例

雯雯是个小学霸，对学习非常积极主动，基本上不用妈妈操心。这天，雯雯正在写作业时，妈妈轻轻推门走了进来。

妈妈在旁边待了一会儿，等雯雯完成一科作业后，妈妈问道："我听说经常有同学向你请教问题，可你好像不太愿意给同学讲解，是这样吗？如果你总是这样拒绝同学，大家会觉得你有点高傲，就不愿意跟你做朋友了。"

雯雯听后，无所谓地说："不喜欢就是不喜欢，知识是我的，我不想分享。"

妈妈没有生气，很耐心地对雯雯说："你还不知道吧，分享知识其实也是一种锻炼。分享不仅能让你把知识掌握得更牢固，还能让你有好人缘。你可以试一下，妈妈记得你以前特别乐于分享……"

情绪分析

有的孩子总是喜欢独占自己喜欢的东西，他们会说"这是我的""你不可以碰""这是我的饼干，你不能吃"……当孩子开始意识到"我""我的""我要"时，父母会发现从孩子手中"拿取"东西很难，因为孩子会紧紧抓住食物不放，或者把玩具紧紧地攥在手里，同时眼睛非常警惕地盯着你。如果父母想纠正孩子的独占欲，孩子就会用号啕大哭以示抗议，从而使父母不知所措。

对于刚上幼儿园的孩子来说，他们刚刚产生物权意识，但还不会站在他人的立场考虑问题，所以很容易脱口而出"这是我的……"之类的话。这时，父母往往会为此感到尴尬、难堪。这是因为父母在用成人的眼光和立场来评判孩子的行为，认为孩子的这种行为是自私的表现。严格来说，这并不能叫自私，它是每个孩子成长过程中的一种正常表现。

但有些父母对孩子的成长规律缺乏深刻的认识，当发现孩子不爱分享时，他们可能会直接命令孩子去分享。比如："你这么自私是不对的，把你的玩具和小朋友分享一下。""你应该大方一点，懂得分享的孩子才是好孩子。""你要是这么自私，别的小朋友会不喜欢你的。"

迫于压力，孩子可能会不得不听从父母的建议，分享自己并不愿意分享的玩具。实际上，孩子并不明白为什么要把自己的东西分给别人，反而可能会担心自己的东西随时被抢走，从而变得特别没有安全感。强制分享还可能让孩子产生这样一种想法：我的东西经常被抢走，那我是否也可以用这种方法去抢别人的东西呢？

实际上，孩子不喜欢与他人分享，是因为在他看来分享等于失去，而失去总是令人感到不舒服。父母要做的就是帮孩子建立正确的认知观，让孩子明白分享不等于失去，而是另一种会带来快乐的收获。

错误话术

懂得分享是孩子与同龄人建立良好关系的重要方式，是孩子人际关系和谐的重要保障。正因为如此，很多父母才会在孩子不愿意与他人分享的时候表现得十分生气和担忧，有些父母甚至会给孩子贴上各种消极标签，比如：

> "你太自私了，我一直跟你说要懂得分享，你都忘了吗？你不懂分享，就没有人喜欢你。"
>
> "你有这么多好吃的，却不愿意分享，肯定没有人愿意和你玩。"
>
> "我看你并不是不愿与他人分享，而是没有朋友可以分享吧！"
>
> "你这么小气，以后谁还愿意把自己的故事书分享给你？"

正确话术

对孩子来说，分享非常重要，它不仅能帮助孩子收获友谊，还对孩子的学习和成长大有裨益。因此，面对那些不愿分享的孩子，父母要多给予一些引导和鼓励，以帮助他们学会分享，并能够主动去分享，让孩子通过分享收获友谊，从而快乐地学习和成长。

> "你不愿意跟其他同学分享你的学习心得与方法，是因为害怕他们超过你吗？其实，分享不仅能让你的知识掌握得更扎实，还会让你拥有好人缘，一举两得呢。"
>
> "从表面上看，我们把好吃的跟朋友分享，的确是失去了一些好吃的，但是，我们可能会因此收获朋友、收获快乐啊！"
>
> "每个人都喜欢吃美食，如果你有好吃的，和大家一起吃，那样大家都会开心，朋友也会更喜欢你，你觉得呢？"
>
> "因为你的这本故事书十分有趣，所以你的朋友才会对这本书感到好奇，你也想和朋友一起讨论书里的情节吧？"

当孩子有物权意识时，父母要理解孩子的"自私"，他的玩具、图书等物品都属于自己，他有权决定分享与否。如果孩子拒绝分享，那么父母就应该尊重孩子的决定。在分享的过程中，父母要帮助孩子体会分享的乐趣，让孩子感受到分享不仅能带给他人快乐，还能带给自己快乐。

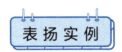

当孩子委屈时：

"你的主意最多了，想想这个玩具该怎么分配吧。"

表扬实例

凡凡和小野是好朋友，两个人挤在一起玩凡凡的新玩具。不一会儿，两个人就吵了起来，一起去找凡凡妈妈评理。

凡凡妈妈不慌不忙地走过来，问清楚了事情的原委，然后对两个人说："咱们现在只有这一个玩具，而你俩都想玩，那有没有好的解决办法呢？凡凡总说自己主意多，你想想这个玩具该怎么分配，才能让你们两个都满意。小野也说说你的想法吧。"

情绪分析

在生活中，与好朋友产生争执、被老师批评、不被父母理解等情况，都有可能令孩子感到委屈。

而当孩子满腹委屈地哭诉时，很多父母总会不自觉地充当起孩子的答疑解惑者。在很多父母看来，孩子的那些委屈、不如意都是自己"不懂道理"造成的。比如，和同学、朋友闹矛盾时，肯定是孩子不懂得与他们相处的技巧；被老师批评时，肯定是孩子哪个地方做错了。很多父母在面对这些问题时，很少能从孩子的角度去看待问题。

孩子之所以找父母倾诉，是因为希望父母能像朋友一样倾听他们的心声。他们想表达的往往不是事情本身，而是自己的情绪和感受。如果孩子内心的委屈没有得到释放，很可能会转化为愤怒，导致大量不良情绪的爆发，进而可能和父母产生冲突。在安慰委屈的孩子时，父母可以从下面三点入手。

第一，鼓励孩子自己解决冲突。

第二，让孩子有公平感。

第三，引导孩子换位思考。

错误话术

孩子之所以感觉委屈，往往是因为他们倾向于站在自己的角度看问题，只专注于自身。这时，父母需要引导孩子换位思考，这有利于帮助孩子理解对方的感受，进而对自己的行为进行反思，更理性地看待和处理问题。

"你们都四年级了，怎么还因抢玩具而争吵呢？"

"好孩子都会分享，你可以和乐乐一起玩你的乐高啊！"

"老师说你作弊了，你凭什么不服气呀？谁让你考试期间跟同学说话？就算是借橡皮也不可以，你不知道考试纪律吗？"

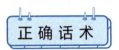

孩子与朋友产生矛盾时，父母最好不要轻易介入，更不要急着去"断案"，因为无论你让谁道歉，另一个孩子都会觉得不公平。正确的做法是，鼓励孩子自己去解决问题。

"咱们现在只有这一个玩具，而你俩都想玩，那有没有好的办法解决这个问题呢？凡凡平时主意最多了，你先说说应该怎么安排吧。"

"如果你把乐高让乐乐玩一会儿，乐乐肯定会把他的玩具汽车给你玩，你不是特别喜欢他那辆玩具汽车吗？前两天你还说分享能够带来快乐呢，我相信你作为一个懂得分享的孩子，会愿意让乐乐玩会儿你的乐高。"

"你想想看，假如你是老师，发现两位学生在考试期间交流，你是否也很容易认为他们是在作弊呢？就算最后确定他俩说话是因为借东西，但因为有考场纪律在先，你是否会小小地惩罚一下他俩？否则，以后考试时，大家都借东西怎么办？这就是换位思考，它能让你想事情更全面。"

请父母相信自己的孩子，他们会有多种方式来解决问题。这样时间长了，孩子就有了处理问题的能力，内心也会越来越强大，从而能够自如地应对自己的委屈。

第4章　鼓励是表扬的起点

当孩子畏难时：

"确实有点难，但我觉得你可以做到。"

表扬实例

　　佳艺看到好朋友玩平衡车像耍杂技一样，觉得特别酷。她回家后要求爸爸教她玩平衡车。没想到，佳艺学了三天还没有学会，每天都会摔好几次，她难过得哭了起来，说："平衡车太难学了，我就是学不会。"爸爸先抱了抱佳艺，然后安慰道："爸爸也知道，确实有点难，但我觉得你可以做到。你已经掌握了基本的技巧，只是熟练度还不够，再练习几天，你肯定会没问题的。"

情 绪 分 析

在成长过程中，孩子会尝试接触各种各样的新鲜事物，难免会遇到一些难以解决的难题，这时他们很容易产生畏难心理，从而萌生出退缩的念头。在这种关头，如果父母任由孩子去选择，那孩子最终很可能无论做什么都难以成功。

为什么很多孩子容易出现畏难情绪呢？

第一，父母对孩子过于体贴。孩子经历的困难太少，所以碰到一点困难，就容易表现得犹犹豫豫、畏畏缩缩。

第二，父母对孩子期望过高、要求过严。有些父母一旦同意让孩子做某件事，就要求孩子必须完成，这容易给孩子带来很大的心理负担。

由此可见，畏难情绪的出现，是孩子自身和父母共同造成的，要想解决这一问题，也需要双方共同努力才行。当父母听到孩子抱怨某件事情很难时，可以先用自己的眼光和标准衡量事情的难易程度，并将自己的客观评价告诉孩子，让孩子认识到某件事没有想象中那样难，这对于锻炼孩子的抗压能力具有重要的意义。当事情确实很困难，孩子陷入了自我怀疑时，父母要让孩子明白他不是个例，每个人在掌握技能的方式和时间等方面都不尽相同。当孩子急于求成时，父母需要引导孩子慢下来，告诉孩子预留出足够的练习时间。

当孩子主动要求学习某项技能的时候，往往会对自己寄予很高的期望，可能会出现急于求成的心态。父母如果察觉到孩子有急于求成的想法，要及时安抚孩子，并给他足够的时间去练习。如果没有得到父母的鼓励，孩子就很容易因多次失败而陷入沮丧，从而变得越来越不自信。

> "佳艺，是你自己要求学平衡车的，平衡车也给你买了，你现在说一句'做不到'就打算放弃了吗？"
>
> "你如果放弃了，说明你太容易被困难打倒了，以后无论你再想学什么，我都不会答应了。"
>
> "佳艺，你认为骑平衡车很难吗？小区里的弟弟妹妹都会骑，就你不会，肯定是你太笨了。"
>
> "我本来以为你很快就能学会骑平衡车呢，但是我没想到，练了三天，你一点进步都没有。"

正确话术

孩子一旦陷入持续失败的怪圈，就很容易产生自我怀疑，从而变得沮丧。这时，父母要让孩子明白，每个人都有可能经历失败，他也能和大家一样，在一次次失败后迎来成功。

　　"佳艺，学骑平衡车可是你自己提出来的，爸爸妈妈是不是在买平衡车前就提醒过你，学平衡车会有摔倒的风险？你不是信誓旦旦地保证自己不怕困难，一定能学会的吗？现在你学了三天就不想学了，真的就这么放弃了吗？大部分孩子学会骑平衡车需要一周多，我觉得你也没问题。"

　　"你觉得有点难，这是正常的。但是你也看到了，公园里比你小的孩子都能学会呀。你只学了三天，没有学会是很正常的。明天爸爸再带你来练练，多练几天就会了。如果你就这么放弃了，那太可惜了。妈妈还想看你展示平衡车技巧呢。"

　　"我向玥玥妈妈了解过，玥玥学平衡车的过程也很不容易，她练了一个星期才学会。还有琪琪，她练了八天呢。你觉得自己平衡感不太好，但这并不代表你学不会。我相信你再练习几天就可以学会了。"

　　"你自己也知道，咱们才练了三天。我问过了，很少有小朋友三天就学会这项技能。别着急，咱们慢慢练习，你一定会越来越熟练的。"

　　从孩子的角度来看，有畏难情绪并不罕见。父母常常教育孩子要换位思考，而在孩子出现畏难情绪时，父母难道不应该站在孩子的角度思考问题吗？只靠训斥的方式，并不能真正地激发孩子的潜能。所以，在陪伴孩子学习知识和技能的过程中，请父母多拿出一点耐心，不吝惜给孩子一些鼓励，让孩子不仅能战胜对学习的畏惧情绪，还能享受学习的过程。

当孩子胆怯时：

"老师都认可你的演唱能力，你一定可以的。"

表扬实例

老师推荐思远作为班级代表参加学校的歌唱比赛，可思远不敢当着这么多人的面唱歌，他对妈妈说："我不敢上台，肯定不能取得好成绩，大家都会笑话我的。"妈妈拍了拍思远的肩膀，对他说："老师都认可你的演唱能力，你一定可以的。这是一个展示自己的才华的机会，你学习声乐好几年了，妈妈也很期望看到你的表演呢。"

情绪分析

当遇到从未尝试过的事情时，孩子表现出胆怯情绪并退缩不前是可以理解的。但是，孩子的成长过程就是一个勇于尝试的过程，孩子只有大胆地接触那些从未尝试和接触过的事物，才能更好地认识自己、认识社会、认识世界。如果孩子因缺乏信心而退缩不前，失去一个又一个了解自己和外界的机会，就会令自己发展受限。这样，当某一天不得不离开舒适圈的时候，孩子就可能会感到无所适从。

和从来不敢展示自己的孩子相比，善于展示自己的孩子往往能体验到更精彩的人生。所以，父母都希望自己的孩子能够积极地去展示自己。但是，对于胆怯的孩子来说，父母应该如何有效地鼓励孩子呢？

首先，对孩子的胆怯表示理解，并给孩子一定的肯定与鼓励。

其次，分析之前错失的机会，让孩子意识到机会的宝贵之处。

最后，父母应教会孩子如何面对失败，告诉孩子，要以吸取经验、学习技能的态度来对待每一次挑战，以减少孩子对比赛的胆怯情绪。

错误话术

作为孩子最亲近的人，父母应该对孩子的能力做出合理的判断，并结合实际情况，给孩子规划合理的目标，不要急于求成或者提出过高的要求。同时，父母还要及时反省自己，反思自己是否言语中暗示过孩子不够优秀，以致孩子不敢表现自己。如果父母有说过类似的话，请一定改正。

"多少次了？一说到参加比赛你就摇头。据我所知，你的同学经常参加各种各样的比赛，还得了奖。你什么都没有还整天怕这怕那的，长大以后怎么参加工作呀？"

"勇敢一点！你要拿个好名次回来。"

"害怕了吧？学了几年声乐，你从来没有在公开场合唱过歌，即便参加比赛，你也很难比其他人表现得更优秀。"

"你平常就胆子小，不敢站在那么多人面前唱歌吧？你不能这样……"

正 确 话 术

如果孩子因某事而心生胆怯，父母应该及时给予孩子有效的鼓励。这种鼓励不等于夸大孩子的能力，而应该根据孩子的实际情况，提出合理的期望与目标，让孩子别有太多的心理负担。鼓励孩子的话术如下：

"宝贝，老师推荐你参加比赛，肯定是认可你的能力。这几年你不愿意参加比赛，失去了很多展现自己的机会，是不是非常可惜？"

"就算你没有表现好，也没关系，这只是一次小小的尝试，而你能从中获得宝贵的经验。爸爸妈妈都支持你尝试一下，你觉得呢？"

"跟那些经常参加比赛的人比，你的实战经验确实不多。但是，这是一次很好的锻炼机会，通过这次机会，同学们可以更加了解你，这同样是一种收获。有了这次的经验，相信你以后会越来越好。"

　　"我觉得你并不胆小，只是行事比较谨慎。老师都愿意相信你，你就应该自信地展示自己。妈妈小时候连自行车都不敢骑，现在却可以熟练地驾驶汽车呢。妈妈相信你也可以克服内心的障碍。"

　　在父母的鼓励下，如果孩子决定克服胆怯，参加某项赛事，那父母应该在孩子后续的备赛和比赛过程中持续给予他鼓励、支持、陪伴。父母切忌为了荣誉而不考虑孩子的实际情况，盲目地让孩子去参加比赛，从而让孩子有糟糕的体验。这样做，会让好不容易鼓起勇气的孩子备受打击，甚至萎靡不振。这样的经历也会增加日后再次鼓励孩子振作起来的难度。

当孩子为难时：

选择你认为最优秀的就好，要相信自己的判断。"

表扬实例

周四班里要选举班长，小语的好朋友倩倩和阳阳都是候选人。课间的时候，倩倩对小语说："你一定要把票投给我啊！"阳阳也对小语说："你一定会投票给我的，对吧？"小语左右为难。放学回家后，妈妈见小语闷闷不乐，问她："你今天是不是有心事？"

小语把情况告诉妈妈："班级选举班长，我的两个好朋友……"

了解情况后，妈妈镇定地对小语说："选择你认为最优秀的就好，要相信自己的判断。你觉得谁最适合，就把票投给谁。你首先是班级的一员，其次才是他们的朋友，只要站在班级的角度去投票就好了。"

情绪分析

随着孩子一天天长大，他们免不了会面临一些棘手的状况。孩子由于还不成熟，尚不具备处理这些棘手的问题的能力，很容易被弄得不知所措。

无论是父母注意到了这些情况，还是孩子主动向父母发出求助的信号，父母都应该妥善应对。

首先，父母要有一个基本的认知：这是孩子从未成年阶段向成年阶段过渡的时期，孩子需要面对并学习解决这类问题。

其次，在给孩子建议之前，父母要先针对事件本身进行客观的判断，然后站在孩子的角度来给孩子提意见，切忌站在自己的角度来回复孩子。

孩子的烦恼会和年龄一起增长。当孩子接触到更多的人与事，周围环境越来越复杂时，他们可能会感到为难。这个时候，父母能做的是帮助孩子认清事情的本质，教会他们不要在抉择时刻将情感凌驾于理智之上，也不要让孩子将结果看得太重。父母可以引导孩子换个角度进行思考，让孩子有勇气去面对任何一种结果。此外，针对一件事的疏漏之处，父母要及时引导孩子寻求弥补方法。

错误话术

其实，孩子的想法越来越多，就说明孩子的心智越来越成熟了。在这种时候，父母要尽量为孩子多想一步，而不是说一些拖后腿的话。

"我看你就是想得太多了，谁适合当班长，就选谁。如果你选的那个人当了班长，就说明这是大多数同学的选择；另一个没选上，也会意识到自己的差距。难道这还能怪到你头上吗？你的一票根本起不到多大作用。"

　　"你担心自己没选的那个同学来质问你或者不理你，其实完全没必要，他们不敢这么做。"

　　"你投的票怎么会被候选者看到呢？别在意这个，越在意越尴尬！"

正确话术

　　孩子之所以会左右为难，往往是因为他们对结果过于看重，或者太在意结果带来的影响。但是，很多时候过程更为重要，其次才是结果。这是一个需要父母引导，也需要孩子去慢慢领悟的人生道理。话术建议如下：

　　"你之所以感到左右为难，是因为你怕选了其中一个同学，而对不起另一个同学，是吧？这说明你非常看重感情。但是，选举班长是一件关乎班级的大事，你首先应该考虑的是谁更适合当班长，然后再考虑投票。假如同学真的来问你，你可以把自己的想法解释清楚，不必因为没选对方就感到愧疚，如果对方真的因为你没有选他而不理你了，那么你需要考虑一下这样的友情是否真的是你想要的。"

"妈妈建议你听从本心，做出你认为最合适的选择就够了，结果并不是你一个人能左右的。假如同学来问你选了谁，你就大大方方地讲出自己的想法。"

"你们不是匿名投票吗？正常来说，这样的投票一般都是匿名的。明天你可以提前问一下老师，如果不是匿名投票，你也可以向老师建议用这样的方式。"

虽然提倡父母帮孩子多考虑一步，但是应该考虑多少，这值得父母认真思量。当孩子因为一件事左右为难时，父母最好先搞清楚到底是哪些因素让孩子为难，从而有针对性地给出建议。有时候，并不一定是孩子想多了，可能在事件本身的处理过程中确实存在很多疏漏之处，那么就需要父母鼓励孩子从这些疏漏之处着手，消除某件事的棘手之处。

当孩子害羞时：

"你是个有礼貌的孩子，向阿姨问好其实很简单。"

表扬实例

周末，妈妈带着佳佳去李阿姨家做客。李阿姨热情地说："佳佳，你好啊！"佳佳却低着头没说话。妈妈在后面推了推她，催促道："快向阿姨问好。"佳佳扭捏着，躲到妈妈身后去了。妈妈有点尴尬，但她马上调整好情绪，温柔地说："佳佳是太害羞了吗？但妈妈知道你是个有礼貌的孩子，向阿姨问好其实很简单。"

情绪分析

当孩子在长辈面前表现得扭扭捏捏、不打招呼时，父母往往会感到尴尬或恼怒，觉得自己特别没有面子，还担心别人在背后嘲笑自己不会管教孩子。在这种情绪驱使下，很多父母就会责备孩子不懂事，甚至逼迫孩子开口打招呼。结果，孩子不仅没有大大方方地打招呼，反而可能更加沉默和胆小，或者干脆和父母对着干——你越是让孩子开口说话，孩子就越闭紧嘴巴。

为什么会出现这种情况呢？因为随着年龄的增长，孩子逐渐有了自己的看法和见解，他不愿意被别人指挥，哪怕对方是自己的父母。

一般来说，孩子在三岁之前，都会比较听话。比如，我们让孩子说"阿姨好""奶奶再见"时，他们都乐于照做，甚至还会主动挥挥小手。但三岁之后，孩子有了自己的判断和喜好，就可能会变得"叛逆"。

其实，很多孩子不愿意打招呼是有原因的，只是父母不明白这一点，也没有主动与孩子交流这一问题，而是随便给孩子贴一些标签或者直接训斥孩子，给孩子造成了难以弥补的心理伤害。

错误话术

很多时候，父母越催促，孩子越羞涩。所以，父母不要不问缘由就逼迫孩子向他人打招呼，那样只会让孩子越来越抗拒成为一个有礼貌的孩子。常见的错误话术如下：

> "只是让你打个招呼而已，有那么难吗？"
>
> "来，快说'叔叔阿姨好'。"
>
> "你连'你好'都不会说吗？"
>
> "你刚才为什么不打招呼？这么没礼貌怎么行啊？"

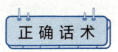

有的父母认为孩子还小，没必要向客人对其进行介绍，所以就直接省略了这个步骤。假如父母能在介绍完大人后，再把孩子拉过来，说："瞧，这就是我儿子，叫周浩。他今年九岁，喜欢画画、打篮球。"像这样被父母郑重其事地介绍，孩子会觉得父母很重视自己，再加上对方又跟孩子示意问好，相信大部分孩子都会热情地问候对方。

"佳佳，你是不是今天心情不好，不想说话？你只要打个招呼就可以了，这应该没问题吧？妈妈知道你平时是个有礼貌的孩子，只是今天可能需要一点自己的空间。"

"这位是李阿姨，之前跟你提到过的，她就是那个在年会上唱歌好听的阿姨，我们当时都听入迷了。你之前还说想像她一样唱出好听的歌呢。"

"你如果觉得'你好'不容易说出口，那么可以换一种别的问候方式。比如：妹妹的辫子太漂亮了，是您给扎的吗？"

打招呼并非只有"你好""吃了没"等，因此，父母可以主动给孩子示范一些其他方式。只要父母给孩子示范的次数多了，孩子自然会慢慢领悟各种打招呼的方式，从而成为一开口就有礼貌、招人喜爱的孩子。

当孩子挑食时：

"我觉得你今天不会剩饭，相信你可以做到的。"

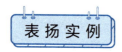

表扬实例

在餐桌旁，兮兮吃了几口早饭就把碗一推，噘着嘴说："我不太喜欢吃这个，我不饿了。"妈妈笑着说："妈妈觉得你今天不会剩饭，相信你可以做到的！如果你好好表现，晚上就做你喜欢的可乐鸡翅，好不好？"兮兮说："好的，我一定努力都吃完！"

情绪分析

在孩子不好好吃饭时，有些父母的第一反应便是批评甚至惩罚孩子，可总是收效甚微。孩子有时根本意识不到或者不愿意承认自己的错误，就算意识到且承认了，也不愿意及时去改正错误，同时产生强烈的逆反心理。如果遇到这种情况，父母不妨试试用鼓励代替催促、指责或批评。

鼓励的话往往都是正能量的语言，能够帮助孩子正向、积极地面对问题，这样有助于调动孩子的主观能动性，进而使孩子更愿意积极主动地做事。同时，鼓励的话语可以增强孩子的自信心并带给他们愉悦感，从而使他们更愿意接受父母的建议，放弃错误的做法。

如果父母一味地对孩子进行斥责、批评，会让孩子认为自己不好，是能力欠缺的孩子，甚至是差劲的孩子，从而无法对自己进行客观、清醒的认识和评价。久而久之，孩子会逐渐丧失自尊心和自信心，表现得越来越糟糕。

错误话术

批评孩子，传递的是一种消极、否定、悲观的态度；鼓励孩子，传递的是一种积极、阳光、向上的态度。父母不要用负面、刻薄的语言与孩子沟通，否则会让孩子觉得父母总是盯着自己的缺点不放，甚至觉得父母有点小题大做，会让孩子变得越来越叛逆。

"天天早上剩饭，吃个饭都比别人麻烦。"

"哎呀！你这作业写的是什么呀？像虫子爬的一样，乱七八糟的！"

"你刚才为什么不跟王奶奶打招呼？你这孩子太没礼貌了！"

"每次画画都画得很糟，你就不能认真一些吗？"

"你这孩子就是个马大哈，这道题居然忘记写单位了！"

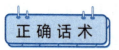

父母要让孩子明白，父母的目的不是寻找孩子的缺点，而是希望孩子变得更加优秀。如果父母能持续对孩子进行正面鼓励，孩子好的行为将会不断地加强，不好的行为则会逐渐被弱化，慢慢地，孩子就会将好的行为变成好的习惯，自然而然地摒弃不好的行为。

> "妈妈相信你今天能做到不剩饭，你一定可以的。"
>
> "你今天的数学作业都做对了，非常棒，要是语文作业写得再工整一点，就更完美了。"
>
> "你刚才都没有跟王奶奶打招呼，下次可不要忘记哦。王奶奶总夸你懂事呢。"
>
> "这幅画画得真不错，要是色彩方面再稍微调整一下，一定会更有意境！"
>
> "你从小就不是马虎的孩子，只是这次考试有点粗心大意，相信你一定会吸取经验教训，下次考出好成绩。"

父母要先对孩子做得好的地方予以肯定，这样孩子才愿意改正自己做得不好的地方，从而在父母的这种引导下做得更好。如果父母给孩子贴上"粗心""马虎""笨"等标签，不仅会让孩子产生不正确的自我定位，还会让孩子出现自卑心理。这是一种对孩子的限定，会让孩子无法自信十足地向着更优秀的方向发展。所以，父母要用正能量的语言激励孩子，比如，在孩子犯错时，用暗示、建议、鼓励等方式代替简单粗暴的批评。

·下 篇·

批评：孩子愿意听才有效，不做
恶语伤人的父母

第5章

批评第一步，
拒绝语言生硬

当孩子耍赖时：

"妈妈非常爱你，但这次不能满足你的要求。"

批评实例

小光和妈妈逛商场，经过玩具店的时候他就不走了，看看这个玩具，摸摸那个玩具。妈妈催促了几遍，"咱们该回家了"，他还是不愿离开，还向妈妈提要求："我想要一个新玩具，妈妈能给我买吗？"妈妈说："我也想给你买这个玩具，它确实很不错，但咱们家里已经有一个类似的玩具了。"小光还是执拗地说："那个不一样，我就要这个。"妈妈蹲下来看着小光，耐心地说："妈妈非常爱你，但这次不能满足你的要求。咱们之前说好了，等儿童节时再给你买新玩具。"

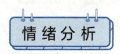
情绪分析

孩子喜欢耍赖，特别是在公共场所，躺地上撒泼打滚、大喊大叫，这令父母非常恼火。很多父母会认为孩子被惯坏了，却忽略孩子耍赖背后的原因。比如：父母的回应是否及时？是否能让孩子接受？

回应并非只有满足孩子的需求，还包括对孩子那些没有被满足的欲望的安抚。当需求得不到满足，情绪也得不到安抚时，孩子就会使出他认为有效的方法——耍赖，来"要挟"父母满足自己的需求。

当然，对于选择使用耍赖的方式"要挟"父母的孩子来说，一定是熟悉"要挟"的技巧，或者说深知"要挟"的威力。比如，每次他一打滚，父母就马上跑过来，第一时间答应他的要求。见这种办法如此有效，孩子当然会常常使用。

那么，孩子是从哪里知道并且学会"要挟"大人的呢？最常见的情况是，父母"要挟"过孩子。只不过父母的"要挟"表现为强词夺理、横眉怒目、恐吓威胁，而孩子领会以后，将其变为耍赖撒泼、满地打滚。

当下很流行一种应对孩子耍赖的方式，即视而不见，孩子在觉得无趣后，自然会停止耍赖，但这种回应方式真的好吗？这种冷漠拒绝非常不妥，会让孩子很受伤，是一种不尊重、不理解孩子的方式。

"要挟"也许能让孩子乖乖听话，但孩子其实是不情愿的，因此请父母反省一下自己是否有"要挟"孩子的行为。其实，孩子一点也不贪心，当孩子感到自己的心理需求被满足的时候，就很容易接受父母的建议。常见的错误话术如下：

> "我说了不买就不买！你最好赶紧走。不走的话，看我怎么让爸爸收拾你！"
>
> "我数到三，你再不起来的话，我就自己回家了，你自己留在这儿慢慢哭吧。"
>
> "你这孩子怎么这么不懂事，以后不带你出来玩了！"
>
> "下次你再这样哭闹，我就不带你来商场了。"

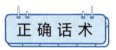

孩子很容易把父母的行为和对他的爱联系起来，也就是说，父母如果爱孩子一定要告诉他，这会让孩子知道父母的爱是无条件的爱。让孩子相信，就算父母因一时发火训斥了孩子，或者拒绝了孩子的请求，但父母还是爱孩子的。孩子耍赖的时候，往往也是最需要爱的时候，父母坚定的爱能帮孩子建立足够的安全感。

"小光，你要是想哭的话，就哭一会儿吧。妈妈理解你很喜欢这个玩具。但是我们之前约好儿童节时再买玩具，你还记得吗？"

"妈妈知道你很想吃棒棒糖，但你今天已经吃过一根了。再吃牙齿就会生病，你不是最不喜欢去看牙医吗？"

"我知道你特别喜欢这个玩具，但这个玩具是姐姐的。姐姐也非常喜欢这个玩具，如果你拿走了它，姐姐会非常难过的。我们可以下次再来和姐姐一起玩呀。"

"你刚才想要那个变形金刚，妈妈没有答应给你买，所以你哭了，是吗？下次如果你想要什么东西，可以郑重地告诉妈妈，而不是哭闹，那么妈妈一定会好好考虑你的需求，好吗？"

孩子哭是需要观众的，如果没人"捧场"，他就算是哭，也不会哭太久。重要的是，让孩子明白父母的态度是严肃而坚决的，不论他使什么招，父母都不会动摇。当孩子的情绪平复下来之后，父母不要再给孩子施加压力，毕竟自己的目的已经达到。这时候，父母要做的是安抚孩子的情绪，通过表达自己对孩子的理解，让孩子感受到父母的爱。

当孩子沉迷于游戏时：

"要不我们限制一下每天玩游戏的时间，以免……"

批评实例

这天，爸爸和乐乐闲聊，爸爸问："乐乐，你的同学会玩游戏吗？"

乐乐说："我们班的坤坤游戏玩得很棒，但他的学习成绩这学期下滑得特别厉害。"

爸爸说："还有这样的事？爸爸觉得是因为他没规划好学习和娱乐的时间。我看你偶尔也玩电子游戏，要不我们规划一下学习和玩游戏的时间，以免因为玩游戏而影响学习，你觉得怎么样？"

乐乐："好，这个主意真不错。"

情绪分析

随着孩子一天天长大，很多父母开始抱怨孩子不再像小时候那样热衷于和父母聊天了，甚至有些孩子一回家就把自己关在房间里，根本不愿意与父母交流，对此，父母既困惑又着急。

父母之所以感到困惑，是因为想不通孩子为什么不愿与父母沟通；之所以感到着急，是因为孩子拒绝沟通，父母便没办法了解孩子的内心世界。亲子之间隔着一条鸿沟，又怎么对孩子进行有效的教育呢？

其实，如果亲子之间出现这种情况，父母不妨先问自己两个问题。

第一，与孩子聊天时，自己是否有意识地去寻找孩子感兴趣的话题？有些父母根本不关注孩子的兴趣点，也没有耐心去了解孩子的想法，甚至有些父母在孩子向自己讲一些有趣的事情时，动不动就用否定、批评甚至斥责来回应孩子。在这种情况下，孩子自然会拒绝交流。

第二，与孩子沟通时，自己是否把孩子放在平等的位置上？很多父母只要一开口，往往就是否定孩子的想法、做法，或者急于指出孩子的不足。其实，孩子的世界跟成人的是完全不同的，孩子的关注点、思维方式乃至价值评判都与成人的有很大区别。此时父母如果以成人的逻辑去约束孩子的想法和言行，那孩子很可能会自动关闭与父母交流的大门。

错误话术

愉快的沟通首先要建立在平等的基础之上，父母与孩子之间的交流更是如此。如果父母总是板着脸，不是对孩子批评就是说教，不是否定孩子就是打击孩子，孩子自然不愿意与父母进行交流。常见的错误话术如下：

"'不听老人言，吃亏在眼前。'小孩子怎么能不听大人的话呢？不听话还是好孩子吗？"

"你这孩子，放学一回家就把自己关在屋子里，也不跟妈妈讲讲学校的事情。"

正确话术

在亲子交流中，父母的情绪、态度、肢体语言都会被孩子感知。如果父母传递的信息是易于被孩子接受的，那么孩子就愿意与父母进行交流。感兴趣的话题便是切入点，它不仅是聊天得以开始和延续的前提，还是亲子之间开展交流、建立信任必不可少的条件之一。父母可以这样对孩子说：

"我知道电子游戏很有趣，但生活中除了游戏，还有很多其他有趣的事情可以做。"

"我猜你这么做一定有自己的想法，能和妈妈说说你是怎么想的吗？"

"看你很高兴，是不是在学校发生了什么好玩的事？快和妈妈分享一下，让妈妈也一起开心。"

心理学家建议：为了促进与孩子的交流，父母可以从孩子感兴趣的话题入手，激起孩子交流的欲望，将孩子放在平等的位置上，营造愉悦轻松的聊天氛围，从而潜移默化地帮孩子建立正确的世界观、人生观和价值观。这样，不仅能实现教育的目的，还能建立良好的亲子关系。

当孩子没交作业时：

"你这样做会不会更好一些？"

批评实例

妈妈："倩倩，老师说你今天没交作业，可以告诉妈妈原因吗？"

倩倩："妈妈，我昨天忘记这个作业了。"

妈妈："以后你这样做会不会更好一些？你每天放学前检查一下记作业的本子，把当天的作业都记在上面，就不会忘记写作业啦。"

倩倩："妈妈，你放心吧，我一定可以的。"

情绪分析

面对孩子种种该做的事情做不到或者做不好的情况，很多父母会被气到抓狂，忍不住对孩子的行为进行严厉的批评与制止。可是令父母更加困惑的是，自己的批评不可谓不及时，态度不可谓不严厉，为什么取得的效果微乎其微，孩子依旧没有改正呢？

为什么会出现以上的情况呢？原因很简单，在孩子犯错误时，父母总是以批评、呵斥的方式来处理，一心想着制止孩子，却没有对孩子进行积极引导，也没有告诉孩子怎么改正。这样的结果就是：孩子尽管知道自己的行为是不对的，这样做会遭到批评，但是不知道如何改正，不知道如何做是对的。因此，就容易故态复萌，成为父母口中"不长记性""屡教不改"的孩子。

　　其实，只要父母注意引导先行，就可以在很大程度上改变这种局面，从而取得良好的教育效果。

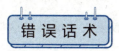

错误话术

　　孩子犯错误时，父母不要急于批评、呵斥孩子，因为这样做很可能会掩盖问题的真相。父母需要保持冷静，才能与孩子进行良好的沟通，从而从孩子的解释中发现真相。

> 　　"你又被老师点名批评了！你不要再找借口了，你再这样妈妈也没办法管你了！"
>
> 　　"跟你说了多少次了，真是屡教不改！我再也不陪你写作业了，以后你自己看着办吧！"
>
> 　　"你又跟琪琪闹别扭了？做错事就赶紧道歉，要对朋友有礼貌。"

"你房间里太乱了，这么大了也不知道收拾。我每天又做饭又刷碗的，你就不能帮帮忙吗？"

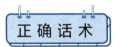

正确话术

当孩子没完成作业的时候，父母要做的就是态度温和地进行积极、正面的引导。只有态度温和、指向明确的引导，才能将孩子引入正途，尤其是在要求孩子不能做什么、应该做什么时，如果父母能够采取正面的态度和积极的表达方式，就会取得显著的效果。父母可以这样对孩子说：

"你今天为什么没写作业呢？愿意跟妈妈说说原因吗？妈妈想听听你的解释。妈妈建议你这样做……"

"原来你正在做值日，没有听到作业的内容，你看这样做会不会更好？放学前你与同学确认一下作业的内容。"

"妈妈发现你今天对琪琪的态度不太友好，琪琪都气哭了。如果你愿意真诚地向琪琪道歉，并送给她一个小礼物，我相信琪琪会跟你重归于好的。"

"妈妈今天实在是太忙了，要向你请求支援。你帮妈妈先把地板擦一下，好不好？"

当孩子犯错时，父母要给孩子解释的机会，然后了解错误出现的原因。在批评孩子时，父母要点到为止，既要让孩子充分认识到错误，又要避免伤害孩子的自尊心。父母沟通的重心要放在提出有效建议和积极引导上，毕竟鼓励孩子改正错误才是首要任务。

当孩子拧巴时：

"你愿意说一说你的心事吗？"

批评实例

诺诺今天心情很差，晚饭吃得很少，晚饭后一个人闷闷不乐地坐在房间里。妈妈很担心，走过去，坐在诺诺身边，问她："你今天发生了什么不好的事情吗？你愿意和妈妈说一说你的心事吗？"

诺诺红着眼眶说："妈妈，今天在诗词比赛上我忽然卡壳了，我们班因为我的失误没进决赛，同学们一定在怨我，老师也不喜欢我了。"

妈妈抱了抱诺诺，安慰道："妈妈理解你的心情，老师和同学们也会理解你的。"

情绪分析

随着孩子慢慢长大，很多父母都会遇到这样的问题：为什么孩子看上去满怀心事的样子？为什么有的时候孩子突然闹情绪，出现一些让人难以理解的行为？

在这些情况下，如果父母生硬地询问或者只顾说教，就很难走进孩子的内心世界，从而无法弄清孩子的真实想法。

父母只有懂得倾听，才能得到孩子的信任，才能更好地理解孩子，才能拥有高质量的亲子关系，从而更精准、更高效地解决孩子成长中的问题。懂得倾听的父母不仅能及时地将孩子向积极的方面引导，还能保障孩子的身心健康地成长。

在日常生活中，懂得倾听的父母往往能够与孩子平等相处，能够细心、耐心地倾听孩子的心声，让孩子感觉自己在家庭中是被尊重、被理解、被关注的。于是，孩子就会对父母有倾诉的欲望，同时也会愿意修正自己的行为，使自己变得越来越优秀。

如果父母总是生硬地询问和高高在上地说教，会让孩子失去说出心里话的意愿和勇气，久而久之，孩子就会把心事深埋在心里。如此一来，父母无法了解孩子的真实想法，自然很难进行有效的教育和引导；而孩子也很难感受到来自父母的理解、肯定、鼓励、支持与爱，从而很容易在心理和行为上出现各种偏差。

错误话术

倾听不是简单的"听到"，真正的倾听需要父母抱有平等、真诚的态度，并展现出同理心和认同感。如果父母先否定、指责孩子，进而又强迫孩子说出自己的想法，就会让孩子觉得自己没有被尊重。

> "这孩子就像锯嘴葫芦，什么都不跟父母说。有什么事情你倒是说出来呀！"
>
> "你怎么会出现这种想法？你这么想根本就不对！"
>
> "不就是你把球投到自己队的篮筐里了吗？这有什么不能说的？"

正确话术

倾听要建立在平等、友好、真诚的基础之上，因为只有温和的态度和平静的语气，才能够给予孩子安慰和鼓励。在交流的过程中，孩子只有在平等的状态下才会有被理解、被认同、被尊重的想法，也才更愿意与父母进行更深层次的交流。

> "你有心事的话，愿意跟妈妈说说吗？也许妈妈能够帮你出个主意呢！"
>
> "妈妈能理解你的想法，也能体会你现在的心情。"
>
> "妈妈明白，你是因为信任妈妈才告诉妈妈这件事的，我一定会替你保守秘密的。"

倾听的目的包括帮助孩子释放压力、分享快乐，促进亲子之间的沟通，了解孩子的内心世界。我们不能功利地将倾听作为一个开展教育的途径，更不要边听边评判，边听边教育。无论孩子多大，他们都有隐私意识和较强的自尊心，所以父母在倾听孩子的想法后，一定要尊重孩子的意见。如果孩子的心事需要父母保密，那父母务必信守承诺，否则不仅会失去孩子的信任，还会让孩子感到害羞或沮丧，进而也会失去对父母的信任。

当孩子打架时：

"动手打人是非常错误的行为。"

批评实例

在小区的游乐场里，辰辰对着鹏鹏大打出手，辰辰妈妈赶紧阻止辰辰，接着向鹏鹏和鹏鹏妈妈连声道歉。然后，看着站在一旁撇着嘴的，辰辰妈妈语重心长地说："动手打人是非常错误的行为，如果鹏鹏受伤了，你需要承担后果。妈妈希望你即便在冲动的时候，也不要忘记去思考一下后果。"

情绪分析

孩子在成长过程中往往会经历三个叛逆期：第一个叛逆期出现在 2～3 岁，第二个叛逆期出现在 7～9 岁，第三个叛逆期出现在 12～18 岁。叛逆期的到来意味着孩子的身心发展进入了一个新的阶段，孩子会有一些自己的想法，情绪上表现为固执、易怒、焦躁不安、喜欢钻牛角尖，亲子沟通也会出现困难。

有些父母想在孩子面前展现权威，觉得孩子不听话就是不尊重自己，有时甚至会担忧孩子未来成为一个没礼貌、不懂尊重他人的人。特别是父母辛苦工作了一天，回到家后，孩子还跟自己唱反调：父母说该吃饭了，孩子偏说不饿；父母说该睡觉了，孩子偏不睡；父母说不要玩游戏，孩子偏玩……这些行为极易激怒父母，甚至导致父母对孩子采取过激行为。

尽管每个孩子都会经历叛逆期，但叛逆的程度因人而异。有的孩子能相对平稳地度过这一阶段，而有的孩子却不愿意和父母多说一句话。其中，父母的态度是关键。也就是说，在孩子进入叛逆期后，父母的一些行为可能会加剧孩子的叛逆情绪。比如，限制孩子的行为。父母和孩子之间的战争是不存在输赢的，因为父母压制孩子是有代价的，也会使孩子的心离父母越来越远。

错误话术

有些父母喜欢正话反说，他们不知道自己要求孩子"不要看电视、不要扔玩具"时，孩子脑子里更容易出现"看电视、扔玩具"这样的指令。这并不是孩子故意在挑战父母的权威，而是人类大脑的自然处理方式。大脑很容易忽视"不"这个字，而且孩子的逻辑思维远没有大人的成熟，所以当父母说不要做什么时，孩子关注到的往往是去掉

"不"字之后的内容。

> "快点，你现在马上去洗澡！"
>
> "你不要在吃饭时敲盘子！"
>
> "不写完作业，你是不可以出去玩的！"
>
> "都叫你三遍了，你没长耳朵吗？"
>
> "你说话啊！你不是很有理吗？为什么突然不吱声了？"

正确话术

在沟通的过程中，父母应尽可能地做到以理服人，避免使用命令的口吻说话，因为那样只会让孩子更加反感。父母只有先尊重孩子，才能从孩子那里获得尊重。最终，双方才能坐在一起心平气和地交流。话术建议如下：

> "再玩十分钟的乐高，你就去洗澡，可以吗？"
>
> "敲盘子特别吵，而且非常没礼貌。你可以用筷子来对付盘子里的鸡腿和青菜，看它们会不会乖乖听话。"
>
> "你现在去玩一会儿也可以，一个小时后回来写作业。如果你能做到先写完作业，也许能玩两个小时。你选哪一个？"
>
> "假如你现在不想吃饭，只能等到晚饭时间再吃了。这期间

除了喝水，不可以吃任何零食。"

　　"我知道你现在心情很糟糕，不想说话。妈妈也有点累了，我们都先休息吧！"

　　被孩子冲撞的滋味绝对不好受，但聪明的父母会想办法巧妙地化解孩子的叛逆情绪。父母想对孩子说"不"的时候，那也不需要发脾气，也不需要重复，只需要坚持自己的观点就可以。等到孩子了解父母说话时的态度，下次他就不会再无视父母的要求了。如果孩子不想说话，父母不妨多给孩子一些时间和空间，等他愿意沟通的时候再聊。

第6章

批评要做到不急不躁

> **当孩子违反校规校纪时：**

> "现在我要批评你了，确实是你不对。"

批评实例

硕硕又违反校规校纪了，老师已经找妈妈谈话好几次了。硕硕见到妈妈，就哭了起来："呜呜呜……老师说我要是还不长记性，就让我在全班同学面前做检讨。"妈妈抱了抱硕硕，并没有在校门口讨论他违反校规校纪的事情，而是带着他先回了家。到家后，妈妈才跟硕硕谈心："你是不是觉得在全班同学面前做检讨很没面子？"

硕硕说："是的，那太丢人了，我都不想去上学了！"妈妈严肃地说："刚才人挺多的，妈妈没说你，现在我要批评你了。确实是你不对，你不能随意欺负同学，这是不尊重、不友好对待同学的表现。如果同学哪里做得不好，你可以跟他说，也可以寻求老师的帮助。"

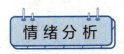

情绪分析

在成长的过程中，孩子难免会犯各种错误。比如，孩子放学回家不认真写作业，反而拿着大人的手机玩；孩子遇见长辈不愿意打招呼，一点礼貌都没有……当孩子犯错时，父母要给予适当的教育。

父母在教育孩子时，一定不要随心所欲地对孩子进行批评，而是应该选择时机、场合和说话方式。只有在合适的时机与场合，采用恰当的说话方式，才能使父母的批评被孩子所接受，进而发挥批评的作用。

首先，父母最好不要在公众场合批评孩子，而应选在较为私密、安静的环境，这样孩子才能静下心来聆听父母的教诲，从而更容易认识到自己的错误，明确改进的方法。

其次，父母要做到就事论事，不能要因孩子犯了一个错误就对孩子全盘否定，更不要当众挖苦、讽刺、羞辱孩子。大部分孩子的自尊心往往是很强的，一旦自尊心受到伤害会对孩子产生很大的负面影响。

最后，父母在批评孩子时，一定要关注孩子的情绪，而不要只顾着发泄自己的不满和愤怒。如果父母不能控制好自己的情绪，对孩子唠叨不止、旧事重提，那么这对孩子改正错误毫无益处。

在给予孩子建议时，父母应避免将批评聚焦在某一点上，而是应采用平和的态度和语气，帮助孩子认识到自己的错误，从而加以改正。

在学校、超市这样的公共场合，如果父母当众训斥孩子，不仅会使孩子的情绪更加激动，还会让孩子觉得没有面子，这反而不利于孩子认识到自身的问题。这种对孩子的当众批评，容易伤害孩子的自尊心，导致孩子的注意力都集中在尴尬上，而非专注于反思自己的问题。

> "你也知道没面子啊？如果你没有犯错，我怎么会当众批评你呢？"
>
> "让大家看看你丢不丢脸！谁家的孩子会在超市里哭闹着要东西！"
>
> "你这孩子也太让人操心了，一月把表弟的头打破了；上个月你因扰乱课堂秩序而被老师批评；现在你又故意弄坏同学的作业本，引发与同学之间的矛盾……"

父母当众斥责孩子，会让孩子认为自己已经得到惩罚了，也为自

己的错误"买单"了。而在私密的环境中批评，则更有益于保护孩子的自尊心，还会让孩子在平和的心态下更好地认识到自己的错误，并乐于进一步改正。

> "今天下午你不该当着那么多人的面顶撞妈妈。如果妈妈当众批评你一顿，你肯定会觉得很没面子；你当众顶撞妈妈，妈妈也会没面子的，妈妈也觉得很尴尬呀。"
>
> "现在家里只有你和妈妈两个人，妈妈想告诉你，抄袭同学的作业是不对的，以后咱们要杜绝这种行为，好吗？"
>
> "过去的事情咱们就不提了，单就今天的这件事情来说，我觉得你不该往同学身上泼水，你觉得呢？"

孩子都有很强的自尊心，父母一定要注重对孩子的自尊心的保护。当孩子犯错误时，要在私密的环境中，以平和的态度来引导孩子，尽可能避免在公众场合训斥孩子。比如，孩子抄袭作业这件事，本身就会让孩子觉得非常羞愧和不安，如果父母再大张旗鼓地将错误公开，则会让孩子越来越没自尊心，越来越对父母的教育心生逆反。

当孩子顶嘴时：

"不是因为我是妈妈，你就一定要听我的，而是……"

批评实例

春节期间，然然和妈妈到姥姥家拜年，她收了好多红包，她一边整理自己的小金库，一边说："哇！好多压岁钱！我要买漫画书，还要买……"妈妈伸出手，对然然说："你把压岁钱交给妈妈，我来帮你保管！"

然然很气愤地说："我凭什么听你的？我要自己保管我的压岁钱！"

妈妈耐心地对然然说："不是因为我是妈妈，你就一定要听我的，而是考虑到压岁钱容易丢失，你有时会忘记放钱的位置。去年你自己保管着压岁钱，是不是就出现了找不到压岁钱的情况？妈妈帮你保管时，咱们可以共同建立一个明细账单，确保收入和支出清晰可见，这样你就能很好地管理个人财务了。"

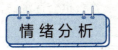

情绪分析

你还记得孩子第一次和你顶嘴时是什么样子吗？孩子当时是张牙舞爪，还是怒气冲冲，抑或是畏畏缩缩？你是否对此感到很惊讶：那个曾经在自己怀抱里"咿咿呀呀"的孩子现在居然会和自己顶嘴了？有朝一日被自己的孩子质疑，你是否感到愤怒？还是说，你早已做好了心理准备，明白终有一日孩子会在很多方面和你产生分歧……

孩子和父母顶嘴，很大程度上是因为孩子的意愿没有受到应有的尊重与理解，还有可能受到父母强势的话语压制。孩子在语言表达能力和思维水平都发展到一定程度之后，就会变得特别渴望表达自己的想法，渴望被重视与被理解。如果父母一意孤行，对孩子的需求不予理睬，很可能加深亲子间的隔阂。

值得注意的是，无论是孩子还是父母，都不希望在众人面前发生争执，都不希望自己尴尬甚至颜面扫地。在公众场合，如果亲子之间有发生争执的苗头，应该尽快将其扼杀。在日常生活中，父母也要教育孩子在公众场合约束自己的言行，克制冲动，理性行事。

错误话术

随着孩子越来越大，他们不仅有了自己的价值观，还有了权利意识。一旦自己的权利受到威胁，孩子就会为自己争辩。如果父母还以高孩子一等的视角俯视孩子，事事都以一句"凭我是你妈妈（爸爸）"

来压制孩子，会让孩子觉得难以和父母沟通，亲子关系也会逐渐疏离。

> "你真是太不懂事了，还说凭什么听我的，凭我是你妈。你一个小孩子，要那么多钱做什么？"
>
> "你要买这个玩具，我今天就是不给你买。你坐在这里不走的话，那我走了！"
>
> "压岁钱不能让你自己保管，我不讲理你也得听我的！"

正确话术

当孩子顶嘴时，父母应保持冷静，不要不分场合地对孩子加以训斥，以免让自己和孩子都丢了面子而陷入尴尬。面对孩子的质问，父母应该敏锐地捕捉孩子的需求和想法，站在和孩子平等的位置上与孩子进行有效沟通。话术建议如下：

> "不是因为我是妈妈，你就一定要听我的，而是考虑到你容易忘记存放压岁钱的位置。你放心，就算妈妈帮你保管，也绝对不会用这些压岁钱的，它们还是你的。"
>
> "咱们之前不是说好了，国庆节的时候再给你买这个玩具。现在还没到时间呢。你乖乖跟妈妈回家，到时间我们再来买，好不好？"

"因为你现在还不够细心，你可能会忘记放钱的地方。还记得去年吗？你忘记钱放在那儿了，我们找了好久才找到。"

　　面对在公共场合撒泼、顶嘴的孩子，大多数父母应该会很头疼。因为如果不能妥善解决，不仅父母会和孩子闹得很不愉快，还会让他人看笑话。所以，父母在教育孩子的时候，一定要注意场合、分寸，最好把问题带回家解决。

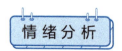

当孩子屡教不改时：

"过去的事情，妈妈就不提了。"

批评实例

沛沛又打碎了一个杯子，他大声喊："妈妈，快来啊！"

看到地上的碎玻璃片，妈妈的脸色不太好，想起沛沛上周打碎了一只碗，上个月还把平板电脑摔坏了……

沛沛并不当一回事，说："妈妈，不就一个杯子嘛！"

妈妈调整心情后说道："对于过去的事情，妈妈就不提了，昨天爸爸还表扬你这几天做事情细心了呢。妈妈知道你不是故意的，你刚才是不是急着喝水啊？妈妈帮你一起收拾吧，下次记得拿稳杯子啊！"

情绪分析

如果孩子一次次犯同样的错误，父母免不了会烦躁，于是冲动之下新账、旧账一起算，口无遮拦地把孩子之前做的错事一一道来，并且越翻旧账越生气。很明显，这样的做法既不妥当又不明智。

在教育孩子的过程中，批评是必不可少的手段，但批评也是有策略的。批评的目的是让孩子认识到错误并及时改正，而非打击孩子的自尊心和自信心。当父母不停地翻旧账时，孩子因犯错而产生的悔过心思就会变弱，甚至消失。当孩子发现父母把自己的错误"记录"下来，并频繁提及这些错误时，孩子可能会认为自己在父母心中是"坏孩子"。孩子一旦接受了父母给贴的"坏孩子"的标签，自我认知便会出现偏差，对生活和学习失去兴趣，积极性和主动性也会降低。

因此，在批评孩子时，父母要做到就事论事，而不要就事论人，要冷静、理智地分析问题所在，避免自己的情绪失控。只有对孩子进行有针对性的批评教育，才能促使孩子改正错误并不断进步。

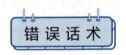

错 误 话 术

在批评孩子时，有些父母会因情绪失控而口不择言，对着孩子一股脑儿地发泄自己的愤怒和不满，这样的做法会深深地伤害孩子的自尊心，对孩子的身心健康非常不利。这种翻旧账且毫无针对性的笼统批评，会让孩子难以将注意力集中于错误本身，从而不利于孩子改正错误。

"同样的错误你犯了多少次了？我怎么会有你这样的孩子？简直糟糕透顶！"

"上周我刚批评过你，你怎么不长记性呢？你真是屡教不改。"

"我说了多少次，你还是乱丢袜子，现在越来越不把大人说的话当回事儿了。为什么不听话？"

正确话术

父母批评孩子的目的是让孩子改正错误，因此千万不要把当前错误与毫无关系的其他错误联系在一起，只需就事论事地指出孩子的具体错误即可。只有把关注点放在孩子当下的行为上，才有利于帮助孩子改正错误。

"我们不说过去的事，先看看如何弥补这次的错误吧。只希望你下次不要再犯。"

"下次自己提前检查好书包，这样就不会把课本、作业等落在家里了。"

"妈妈知道你平常是一个自觉的孩子，刚才是你最后一次乱丢袜子，对不对？你以后一定不会这么做了，对吗？"

对孩子而言，父母翻旧账和唠叨是一种惩罚方式，并不利于帮助孩子改正错误，还容易形成恶性循环，即父母翻旧账越频繁，孩子越叛逆，从而给亲子关系造成不良的影响。批评要具体且有针对性，批评的重点应放在如何改正上，这样才能给予孩子有效的引导。

当孩子不做家务时：

"感谢你帮我收拾碗筷，如果能……"

批评实例

妈妈走进小泽的房间，发现房间里乱糟糟的，衣服、玩具到处乱放。看到妈妈皱眉，小泽毫不在意地说："乱点也没关系，阳阳的房间比我的还乱呢！"妈妈笑道："妈妈是来感谢你刚才帮我收拾碗筷的，如果你能整理一下房间，那就更好了。"

情绪分析

刚收拾好的房间，没一会儿就被孩子弄得乱七八糟，书本、玩具散落一地；吃完饭的餐桌杯盘狼藉，食物残渣碎屑掉落到地上，被踩得到处都是；走进孩子的房间，其凌乱程度简直令人无法下脚；刚给孩子换上干净的衣服，孩子出去玩了一趟回来便满身污渍……相信孩子的这些不良行为，经常让父母无比抓狂，可孩子偏偏屡教不改。怎样让孩子摆脱"邋遢大王"的标签，成了父母无比头疼的难题。

　　从深层次来讲，邋遢不仅是一种不良的生活习惯，还是孩子缺乏自律的表现。孩子之所以会出现邋遢的行为，很大程度上是因为孩子自控能力弱，不能很好地对自己进行约束。这种坏习惯一旦形成，便很难改变，而且可能会对孩子未来的生活造成不良的影响。因此，父母一定要引导孩子，让孩子从小学会打理自己的生活。

　　在改变孩子不良生活习惯这一方面，直接对孩子进行批评教育往往很难取得成效，这时如果父母能够学会掌握一些说话技巧，如反着说话、用引导代替否定、用鼓励代替批评等，往往能够产生意想不到的效果。父母不要轻易对孩子进行负面定性，而应学会用逆向思维进行沟通，发掘孩子身上的闪光点，给予孩子鼓励、肯定和赞美。这样，孩子才能成功地摆脱"邋遢"的标签。

错误话术

　　如果父母对孩子进行否定，那孩子也会跟着对自己进行否定；如果父母对孩子感到失望，那孩子也会对自己感到失望。这样，孩子哪有动力去改正坏习惯呢？他们只会在邋遢的路上越走越远。常见的错误话术如下：

　　"你这孩子简直是'脏乱差'的代表！你真是屡教不改，太不讲卫生了！"

"你这孩子怎么这么邋遢，我看你是改不了了！你干脆去邋遢王国竞选大王吧！"

"跟你说了多少遍了，脏衣服要放脏衣篓里，可你还是到处乱扔！真是太没规矩了！"

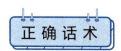

有些父母不知道，否定孩子的话，可以换一个角度来说；批评孩子的话，也可以换一种方式表达。比如，反话正说可以减轻孩子的逆反心理，让孩子找到努力的方向；充满正能量的话语，可以帮助孩子重新认识自我，能让孩子看到希望的曙光。

"你最近都能够保持衣着整洁了，表现得很不错，要是能把书包也收拾好，就更优秀了！"

"前天你自己擦了地、收拾了书桌，今天又自己铺了床、整理了衣服，我看你离'文明标兵'越来越近啦！"

"路要一步一步地走，不好的习惯也要慢慢地改正。你这几天的进步已经非常大了。"

择取孩子做得好的一件件小事，并将其作为孩子变得优秀的凭证，继而为孩子指明努力的方向，让孩子满怀希望，这才是对孩子的有效引导。"罗马不是一天建成的"，孩子的不良习惯也不是一天形成的，更不是短时间内能够彻底改正的。所以，父母要有足够的耐心，要做好打持久战的心理准备，对孩子要采取多肯定、多鼓励、多赞美的策略，以帮助孩子顺利地摆脱不良习惯的困扰。

第7章　拒绝不等于说"No"

> **当孩子厌学时：**
>
> "上学不仅仅是为了学习知识。"

批评实例

甜甜坐在餐桌边一动不动，妈妈催促她道："快背上书包，我们要出门了。"

"妈妈，我不想去学校上学。"甜甜怯生生地说道。

妈妈问："为什么呀？"

"上学好辛苦，冬天太冷了，夏天又太热，迟到了还要被老师批评。好不容易放学回家，我还得写作业。考试成绩不好时，你们还凶我……"

妈妈听后，思索了片刻，认真地对甜甜说："妈妈知道你对上学有些抵触，也能理解。但你知道吗？上学不仅仅是为了学习知识，它还是一个让你成长和进步的过程。"

情绪分析

面对孩子的厌学情绪，很多父母内心的焦虑指数会迅速攀升。"为了你能好好地在这个学校读书，我起早贪黑地工作，又出差又加班的，容易吗？你居然说你不想去上学了？"父母的这种态度往往会加剧孩子的厌学情绪。

实际上，当孩子说"不想上学"时，往往只是一种情绪宣泄，并不是真的打算不上学了。父母这时应该静下心来与孩子认真交流，了解孩子出现厌学情绪的原因，比如，学习成绩不理想，父母过高的期望带来的学业压力，或者是跟老师、同学闹矛盾，等等。只要孩子有倾诉的意愿，接下来的沟通与引导就会容易很多。

如果孩子拒绝说出自己的心里话，父母也不要对孩子恶语相向，否则会让事态加重，且对缓解孩子的厌学情绪毫无帮助。通常，孩子厌学的原因通常可以归结为以下四点。

第一，孩子成绩差。孩子付出了很多努力，却收效甚微，这在一定程度上打击孩子学习的积极性。

第二，孩子学不进去。孩子注意力不集中，课堂上听不懂，课后补不回来，进而对学习失去信心。

第三，孩子不知道学习的目的是什么。孩子认为学习是为爸爸妈妈而学、为老师而学。他们没有自己的人生目标，缺少内驱力，进而学习动力不足。

第四，孩子受到其他人的不良影响。如果孩子身边有几个不爱学习的伙伴，那么孩子很容易被影响。

作为父母，我们谁不想孩子学习好？哪个父母不是在拼尽全力地给孩子提供优质的教育资源？一旦发现孩子产生厌学情绪，脾气温和的父母还会和孩子讲讲道理，脾气差的父母也许立刻就要训斥孩子。常见的错误话术如下：

> "你不想去上学？你想气死我啊！你明天必须给我乖乖地上学去。"
>
> "你能不能懂点事，不要总是这么任性，上学是为了你好，还不知道珍惜！"
>
> "不想上学？那你想干啥？你现在除了上学还能干什么？"

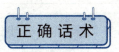

　　当孩子感觉自己被父母理解时，他们才能听得进去父母的建议。对于孩子的学习，父母要善加引导，让孩子意识到学习是一件很有趣的事情。如果父母一味地强迫孩子学习，只会让孩子认为学习是一件令人厌烦的事，从而变得越来越不爱学习。父母不妨试试这样跟孩子交流：

　　"妈妈理解你的心情，就像妈妈虽然很喜欢现在的工作，有时候也会不想去上班呢！你是否愿意跟妈妈好好聊聊呢？"

　　"好，假设妈妈同意你不上学，那么，从今天开始，你打算去做什么呢？对此，你有什么想法？"

　　"如果你好好读书，你就有更多机会去选择自己今后的生活，而不是被生活选择。"

　　"宝贝，你能告诉我为什么觉得学习无聊吗？是觉得内容太难，还是有其他原因？我们一起找找看，是什么让你对学习失去了兴趣。"

　　"你知道吗？不断地学习新知识可以让我们变得更聪明，更有能力去探索这个世界呢！"

　　"我们可以一起探索一种更适合你的学习方式，你觉得怎么样？"

"我们一起设定一个小目标吧，比如每天学习一小时你感兴趣的内容。这样你的压力会小一些，也能慢慢找回学习的乐趣。"

　　有的时候，亲身经历远比空洞的说教更有说服力。有一位妈妈，在对"不想上学"的孩子劝说无效后，她果断请了两天假，带孩子去捡废品体验生活。一天下来，孩子从最初的兴奋逐渐变得精疲力竭。第二天，孩子言辞恳切地要求去上学。这种做法，充分体现了身教大于言传的教育力量，是值得很多父母学习的。

当孩子闯祸时：

"我相信你已经知道该怎么做了。"

批评实例

周末，泽泽的堂弟来家里玩，两个孩子在屋子里又跑又跳，一不小心把窗帘给扯了下来。泽泽赶紧带着堂弟向妈妈道歉："妈妈，对不起，我们不是故意的。"

妈妈没有责怪两个孩子，而是温柔地说："你们在一起玩得太高兴了，不小心弄坏了窗帘，我能理解。但我希望你们不要再跑来跑去了，这会影响邻居。等会儿爸爸修窗帘时你们也会帮忙吧？我相信你们已经知道该怎么做了。"

情绪分析

刚收拾好的客厅，没过多久又变得一片狼藉；早上叫孩子起床上学，眼看要迟到了，可孩子依旧磨磨蹭蹭的；老师又打来电话，说孩子课间和同学发生了冲突……

顽皮、淘气是孩子的天性。儿童文学作家冰心曾说："淘气的男孩是好的，淘气的女孩是巧的。"孩子的童真与童趣乃至好奇心与创造力往往隐藏在一次次的调皮中，而孩子的好奇心和创造力则隐藏在一次次的闯祸中。

可是面对孩子一次又一次的闯祸，有的父母情急之下很容易情绪失控，口不择言地对孩子大声斥责，想要孩子尽快纠正错误，可结果往往事与愿违。

特别是对于一些年龄较小的孩子来说，他们的大脑发育还不完善，如果父母在批评孩子时输出的内容剧增，会让他们感到无所适从，再加上内心比较恐慌，更无法及时理解父母，以及进行自我反省。

在教育孩子的时候，父母情绪急躁、大呼小叫不会起到任何积极作用，反而会对孩子造成深深的伤害。这不仅会对孩子的情感和心理造成不良刺激，还会降低孩子的自我认同感，让孩子变得越来越自卑、怯懦，甚至会让孩子产生反抗和敌对的情绪，最终对孩子的健康成长等造成负面影响。

父母要想跟孩子进行良性沟通，需要采用行之有效的批评话术，即父母要控制好自己的情绪，用温声细语代替大声斥责，这样效果会好得多。

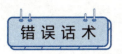

错误话术

如果父母总是不停地对着孩子唠叨，那么就会把接收到的负能量和坏情绪传递给孩子。孩子在这种情况下没办法抓住重点，根本不知道父母的指责从何而来，更不知道自己到底应该怎样做才算对。尤其是当父母对孩子进行全盘否定时，这种否定将严重打击孩子的自尊心，而且没有把"该怎样去做才是好孩子"传递给孩子。

"你知道自己有多调皮吗？妈妈告诉过你的，做客的时候要有礼貌。你玩的时候我就提醒你不要跑这么快，太毛躁了。"

"你把姑姑的花瓶打碎了，以后姑姑就不欢迎你来了。"

"你调皮地打碎了姑姑的花瓶，是你错了，快去向姑姑道歉，并保证永远不会再犯了。"

"今天，这么多亲戚都看到你犯的错误了，他们都会认为你是个特别调皮的孩子，都不喜欢你了。"

"在别人家这么不守规矩，一点也不安分，多丢人，你以后要是还这样，我就再也不带你去别人家玩了。"

"你怎么就这么不听话，都闯多少祸了！说你你也不听，看来不打你一顿是不会长记性的。"

"你是不是要气死我？都跟你说多少次了，别调皮捣蛋，这么小就这个样子，以后长大了能有什么出息？"

123

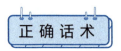

当孩子闯祸的时候，父母一定要明确指出孩子的问题所在，但是语气要温和，既要指出错误，又要让孩子欣然接受并有积极改正错误的动力，而不是一味否定和斥责，让孩子产生对抗情绪。话术建议如下：

"我们知道，乱扔玩具不是一个好习惯，这会让周围的环境看起来乱糟糟的。万一把其他人绊倒了，那可就不好了。"

"来姑姑家做客，我们作为客人，不应该这么顽皮地跑来跑去。你打碎了姑姑家里的东西，要认真道歉，勇敢承担责任。"

"你能第一时间道歉，爸爸很欣慰。但是花瓶是姑姑的东西，我们应该弥补姑姑的损失。下次咱们给姑姑带一个新的花瓶，你觉得怎么样？"

"你今天确实有些调皮。你说自己是因为和弟弟妹妹见面太高兴了才这样，妈妈可以理解。但是，我希望以后不要再发生这种事情了。"

"你今天有一些调皮，但你是因为跟弟弟妹妹好久不见，太兴奋了，爸爸觉得这能理解。而且你也不是每天都这么调皮。你真诚地跟姑姑道歉了，大家也都看到了，大家怎么会不喜欢你呢？"

孩子闯了祸后，父母要做到态度明确、言语平和。用温声细语代替大声斥责和质问，结合有意识的引导和提问等，让孩子知道自己错在哪里，以及如何改正。

当孩子违背规则时：

"地上湿漉漉的，妈妈担心你会摔倒。"

批评实例

妈妈下班回到家里，发现卫生间里满地的污水，儿子天宇正在里面忙活着。妈妈惊讶地问："天宇，你在干吗呢？是不是咱家水龙头坏了？"

天宇怯生生地说："我……我正在拖地。"

妈妈压了压怒火，然后温声问天宇："你为什么要拖地呀？地上湿漉漉的，妈妈担心你会摔倒。"

后来，天宇告诉妈妈："我看妈妈最近下班很晚，觉得妈妈非常辛苦，就想帮着拖一下地，一不小心把涮拖把的水弄洒了。"

妈妈的心情久久不能平复。

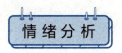

每个孩子天生都有一种神奇的魔力，有时能瞬间让父母变得歇斯底里，但孩子的本意往往并非如此。

从心理学的角度来讲，吼孩子属于语言暴力，会让孩子失去安全感。孩子会因为被"吼"变得胆小、自卑，不敢表达自己的主张，长大后也常表现得缺少主见。很多孩子甚至会把"吼"这种模式运用到跟其他人的交流中，认为吼叫就是正确的沟通方式之一。有的孩子甚至成了表里不一的人，表面上因畏惧而表现得很顺从，实际上内心非常逆反。

从生理角度来说，吼叫还会对孩子的大脑造成损害。儿科专家指出，当孩子听到吼叫的声音时，大脑就会发送"战斗""逃跑"的反应信号，继而出现心跳加快、瞳孔放大、手心出汗等症状。如果长期处于这种紧张状态，孩子的大脑会受到损害。

当然，提倡用低声教育代替吼叫也是有科学依据的。心理学家经过研究发现，在批评孩子时，使用低声教育更容易被孩子接受。因为在低音量的情况下，孩子更容易卸下心理防线，集中注意力关注内容，而不是想着如何进行反击。

低声教育是指即使孩子犯错误时也要轻声说话。轻声不仅指降低音量，更重要的是客观地表达，将孩子带入理性的范畴。那些在低声教育环境中长大的孩子，性格往往会表现为温和、自信，并具有很强的共情能力。

低声教育并不是要求父母压抑愤怒。在被孩子气得想要发脾气时，父母可以承认："我也是有脾气的，我有权感到愤怒和生气，并不需要为此感到愧疚。"但不要因愤怒而伤害孩子。

> "我不是说过不可以在墙上乱画吗？难道你听不懂吗？"
>
> "你作业还没有写完吧？谁同意你看电视了？你怎么就不长记性呢？"
>
> "我和你说了三遍了，把衣服收到柜子里，你是不是聋了？我好好跟你说话，为什么你不听呢？"

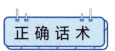

在习惯低声教育之前，父母可以尝试通过写便条与孩子沟通。写便条是一种温和的沟通方式，可以使父母暂时离开愤怒的环境。比如，父母因孩子乱扔玩具而恼火时，可以写一张便条："亲爱的宝贝，等游戏结束，记得把玩具收拾好。"然后贴在孩子容易看见的位置。

> "在墙上画画不是一个好习惯，因为痕迹没办法擦干净，一擦就会把墙壁弄得黑乎乎的，看上去非常脏。如果你这样做，妈

妈的心情就会变差。"

　　"宝贝,在打开电视前,请你先想一想:作业是否完成了?"

　　"你对妈妈的话充耳不闻,妈妈心里非常难过。"

　　低声教育是一个挑战,尤其是对已经习惯用吼叫来压制孩子的父母而言。请父母保持耐心,让孩子慢慢适应你的改变。

"关于这件事，咱们商量一下好吗？"

批评实例

暑假的第一天，杨杨想先去游泳，而妈妈希望杨杨先写暑假作业。杨杨开始闹情绪："我就要去游泳，不要写暑假作业。"妈妈对杨杨说："关于这件事，咱们商量一下好吗？妈妈肯定尊重你的想法。既然你今天非常想去游泳，那么妈妈同意了，但你先完成一部分暑假作业，好吗？咱们可以做一个暑假计划，你看……"

杨杨开心起来："妈妈，我已经做好暑假计划啦！"

情绪分析

随着年龄的增长，孩子对父母在衣、食、住行方面的依赖性逐渐减弱，独立思考的能力不断增强，因此会在很多方面有自己的想法，进而与父母的想法产生很大分歧，如对待事物的想法、兴趣以及审美观念等。当孩子的想法与父母的存在较大分歧时，父母切忌用压制、命令的方式控制孩子，而是要多跟孩子协商。

根据马斯洛的需求层次理论，被尊重是人类较高层次的需求。假如这种需求无法得到满足，人们就会产生沮丧、失落等负面情绪。人与人之间相处时，平等极为重要，对孩子来说更是如此，因为孩子通常比大人更希望受到尊重。当遇到事情时，如果父母愿意与孩子商量，孩子会更积极地跟父母交流。反之，如果父母采取命令的方式，孩子则可能产生强烈的逆反心理，让他往东时他偏向西，故意跟父母对着干。

学会与孩子商量，既可以增进亲子之间的相互理解，又可以减少亲子之间的冲突。当孩子提出要求，父母不愿意满足时，请不要简单粗暴地拒绝孩子；当不认同孩子的一些行为时，请父母不要简单地制止和压制；当孩子的意见与父母不同时，请父母不要以直接下达命令的方式要求孩子无条件地服从。

在面对问题与分歧时，父母可以在充分尊重孩子的前提下，通过跟孩子商量的方式，与孩子达成共识，让孩子开心地配合父母的教育。

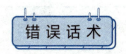

错误话术

很多父母没有听取孩子的意见，而是直接替孩子做决定，这种强势的行为不仅会让孩子反感，还会让孩子感到痛苦。父母如果只是凭借自己的经验强行替孩子做决定，命令孩子必须照做，孩子可能会出现反抗的行为。如果父母在这种情况下继续压制孩子，不仅会让亲子关系变得紧张，还不利于孩子的健康成长。

> "快点吃饭，别讲话了，吃完饭抓紧写作业，不要再磨磨蹭蹭地浪费时间！"
>
> "你就适合弹钢琴、唱高音，根本不适合吹长笛、敲架子鼓，这件事就这么定了吧！"
>
> "你一个小孩子哪里知道夏令营怎么选？就应该听妈妈的话，我都是为了你好！"
>
> "今天不可以去游泳，先写暑假作业。"

正 确 话 术

面对同一件事，使用命令的方式时，孩子就会特别反感，还会产生心理压力；如果父母采用商量的态度来沟通，孩子会更容易接受，并且愿意按照父母的建议去完成。

> "咱们今天得抓紧时间写作业，如果写完作业后还有时间，就去公园玩一会儿，怎么样？"
>
> "你对架子鼓感兴趣，那咱们先上一个月的课试试，但是唱歌也要坚持，你可以做到吗？"

> "今年的夏令营，你想去哪里呢？你有什么想法吗？妈妈想先听听你的意见，再报名。"
>
> "如果你今天特别想去游泳，妈妈愿意陪你去，但你要先写部分暑假作业，好吗？"

父母要避免命令和强行压制孩子，因为这种方式虽然能让孩子暂时服从于父母的想法和决定，但孩子心里是不情愿的。如果父母想避免亲子关系的恶化，一定要在平等的原则下同孩子商量，才能同孩子真正达成共识。

第**8**章　平和的力量源于尊重

当孩子脏兮兮时：

"你不是故意把衣服弄脏的，对不对？"

批评实例

　　妈妈带着木槿在商场里闲逛，木槿低头吃着刚买的雪糕。到了儿童游乐区，妈妈坐在椅子上休息。木槿在旁边看小朋友钓鱼，也许是看得太入神，没想到融化的雪糕掉了一大块下来，把木槿的裙子弄脏了。

　　见妈妈发现裙子上的污渍，木槿小声地说："对不起，妈妈，我

134

把裙子弄脏了。"

妈妈温和地说："你不是故意把衣服弄脏的，对不对？以后吃雪糕时注意一下就好了。你想想怎么才能避免雪糕掉在裙子上。"

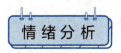

情绪分析

很多父母看到孩子把自己浑身弄得脏兮兮时，都会有种火山爆发般的冲动，甚至有的父母在网上公开抱怨："自从有了孩子，家里每天都是'灾难现场'。"最让父母崩溃的是，刚刚整理归纳好的玩具，孩子随手一推，瞬间又使家里变得乱糟糟了。

如果父母无法容忍孩子犯错，常常批评、责备孩子，孩子会对惩罚产生条件反射，从而对某些事物产生恐惧。长此以往，孩子会变得越来越胆小，不敢把实话说出来，而选择撒谎隐瞒，试图通过各种办法逃避惩罚。

父母如果不能容忍孩子犯错，孩子会变得缺乏担当，遇事只想逃避。其实，孩子犯的大部分错都不是有意犯的，更没有故意激怒父母的想法，而是缺乏知识、技能引起的行为失当。简单来说，孩子犯的错误通常是与他们的年龄相符的行为表现。比如，孩子总喜欢把东西搞得乱糟糟的，这是因为孩子的秩序感不同于大人眼中所谓的整洁，他们只是按自己理解的方式去摆放物品。再如，孩子之所以跟小朋友打架或抢东西，是因为他们还不懂得怎样控制自己的情绪和行为。

当孩子出现不良行为时，父母可以将其理解成"因失望而出现的行为""缺乏技能的行为产物""符合发展适宜性的行为"等,这样就可以重新解读孩子的不良行为。

同时,父母还可以这样理解:孩子本来就是需要在不断犯错中学会成长的,因为孩子有犯错的权利。父母如果能对孩子所犯的错误有正确的认识,就不会太过生气了。父母只有态度平和,才能对孩子进行爱的教育,避免将情绪发泄在孩子身上。

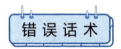

心理学家汉·金诺认为:父母的"不要哭了"或者"这样做是不对的"并不会让孩子的不良情绪消失。科学研究也表明:当一个人情绪不好的时候,是很难接受外界信息的。也就是说,当一个人情绪不好的时候,通常很难听进别人的意见。

> "老师批评你肯定是你错了,是不是你在上课时捣乱了?"
>
> "不要哭了,你把小金鱼都玩死了,你还哭?"
>
> "你怎么到处乱画呢?你看,小朋友的衣服被你弄脏了吧?一天净给我惹事!"

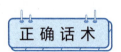

孩子只有心情平静下来,才能理智地思考问题。如果父母希望孩

子听得进自己的话，就必须鼓励孩子表达情绪，让孩子的心情平复下来。当孩子犯错时，父母一定要先给孩子说话的机会，问清楚孩子事情的经过，只有这样孩子才会情绪稳定，才会正视自己的错误。

"老师批评你的原因是什么？究竟发生了什么事？"

"你不是故意把金鱼弄死的，对不对？妈妈知道你非常难过。"

"你画画时把小朋友的衣服弄脏了，你觉得接下来应该怎么做呢？"

父母家庭教育的一大错误就是不允许孩子犯错。好的教育不是要求孩子不犯错，而是引导孩子在一次次的错误中学习和成长。孩子犯错后，父母要引导孩子想办法弥补。父母可以引导、鼓励孩子一起想各种解决办法，包括合理的、不合理的，重要的是尽量尊重孩子的想法。

当孩子丢三落四时：

"你今天没有戴红领巾，都难过得哭了。"

批评实例

一天早上，刚走到学校门口，天佑对妈妈说："呀，我忘了戴红领巾！"妈妈说："你平时不都放书包里吗？快找找。"寻找未果，天佑急得直掉眼泪，要求妈妈回家取红领巾。妈妈扶着天佑的肩膀，安慰他："你今天没有戴红领巾，都难过得哭了。现在回去取已经来不及了，一会儿你和老师说一下情况。早上时间太紧张了，以后咱们前一天晚上就准备好红领巾，好吗？"

情绪分析

孩子出门时总是丢三落四，这是一个令父母比较头疼的问题。加之早上时间一般都比较紧张，好不容易准备出门了，孩子却说自己忘了这个忘了那个，甚至到学校以后，孩子还通过老师反馈忘记带作业了。

其实，孩子早上出门时丢三落四，心情自然会受到影响。若此时父母再说一些不太合适的话，就很容易加深孩子自责和愧疚的情绪，而这样的情绪会影响孩子一整天的学习状态。那么，为什么孩子早上总是丢三落四的呢？其主要原因有以下几点。

一是，父母习惯帮助孩子整理物品，导致孩子有了依赖心理。

二是，孩子做事没有计划和条理，难免会做了这件，忘了那件。

三是，早上起晚了，时间太紧，孩子手忙脚乱的，给忘记了。

四是，孩子做事总是心不在焉，注意力不集中。

五是，早上父母催得紧，孩子因心里焦急而忘记原本要带的物品。

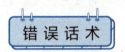

错误话术

孩子早上出门时丢三落四的情况发生后，往往会令父母的情绪处在崩溃的边缘，从而说出不太恰当的话。下面这些话术都是不太合适的，作为父母的你是否说过？

> "你怎么总是丢三落四的啊！"
>
> "你就不能细心一点吗？"
>
> "都怪你没有提前准备好，真是的！"
>
> "你怎么现在才发现啊？我上班都要迟到了！"

"你刚才怎么不好好检查呢？"

"你怎么回事啊？你怎么连收拾书包这点小事都做不好？"

正 确 话 术

对于孩子出门前丢三落四的行为，父母难免会急躁，但急躁终究不能解决问题。父母可以借助正确的话术来帮助孩子意识到这个问题。当孩子在临出门时说自己有东西忘了拿或找不到了，或者在半路上突然说"作业忘记带了"时，父母不妨试试这么回复孩子：

"早上忘带东西很容易使人烦躁，以后咱们得注意一下，争取出门不忘带东西。"

"啊！那怎么办呢？如果回家取的话，你上学肯定要迟到了，妈妈上班也会迟到呢！"

"一次忘带情有可原，妈妈有时候也会忘记，但你要想个办法来解决这个问题。"

"早上时间太紧张了，你也是手忙脚乱的，难免给忘了。以后咱在前一天晚上把书包整理好。"

总之，在遇到类似的问题时，父母首先要控制好自己的情绪，其次通过话术帮助孩子认识到丢三落四是个不好的习惯，引导孩子进行反思，最后找到丢三落四的根源，进而从根本上改掉孩子丢三落四的坏习惯。

当孩子磨磨蹭蹭时：

"你不要着急，再给你五分钟可以吗？"

批评实例

小宇每天早上都是慢吞吞的，穿外套慢，戴红领巾慢，穿鞋子也慢，而且往往是越催越慢。这天，他坐在门口穿鞋时，妈妈没有像往常一样催他，而是运用周末新学的话术知识，对小宇说："小宇，不要着急，妈妈给你五分钟可以吗？妈妈在外面等你哦。"

情绪分析

孩子一大早就拖拖拉拉、磨磨蹭蹭的，这对着急送孩子上学，然后再赶到公司上班的父母来说，无疑是一件令人十分头疼的事。可是，有时候父母越是着急、催促，孩子就越拖拉、磨蹭。

这种时候，父母不要吼叫，也不要说教，更不要给孩子贴"拖拖拉拉""磨磨蹭蹭"的标签，因为这样会激起孩子的逆反情绪。父母可以引导孩子去反思自己是否真的慢了，自己有没有让妈妈等着急，等等。

那么，孩子早上出门拖拖拉拉、磨磨蹭蹭的原因有哪些呢？

一是，孩子自我控制能力较差，注意力容易被周围的事物吸引。

二是，父母催促越多，孩子越有抵抗情绪。父母越催，孩子就越磨蹭。

三是，孩子责任感不强，觉得迟到无所谓。

四是，孩子没睡好，精神状态不佳。

错误话术

在等孩子慢吞吞地穿鞋的过程中，父母很可能会因着急而说出一些不太合适的话语。如果父母总是对孩子进行批评，反而会在无意间强化孩子拖拉、磨蹭的意识，这对改掉孩子拖拉、磨蹭的习惯是不利的。比如：

"别磨蹭了，你快点！"

"要快一点，你怎么还没好？"

"你为什么总是这么慢呢？"

"你就不能麻利点吗？"

"你倒是快点啊！我这上班都要迟到了。"

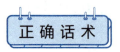

当孩子拖拖拉拉、磨磨蹭蹭时，父母先不要急躁，也不要试图通过说教让孩子一下子变得懂事。否则，很可能适得其反，使孩子内心生出抵抗情绪，故意放慢速度，变得更加拖拉、磨蹭。这种时候，父母可以试着这样对孩子说：

> "宝贝，不要着急，咱们五分钟后出门可以吗？"
>
> "你能稍微加快速度吗？妈妈有个重要的会议要参加！"
>
> "再给你三分钟可以吗？不然妈妈上班就要迟到了，迟到就要被扣钱，扣了钱就不能带你去吃好吃的啦！"
>
> "你要抓紧时间了，上学迟到会被批评的。你可是最喜欢王老师的，迟到被批评多不好。"
>
> "妈妈觉得你今天比平时快了点，你可以早到学校三分钟呢！"

稳定情绪是会传染的，所以，情绪稳定的对话更有助于父母找到孩子拖拉、磨蹭的原因，从而能更有针对性地帮助孩子改掉这个不良习惯。

当孩子需要陪伴时：

"你希望妈妈陪你玩，是吗？你可以等我半小时吗？"

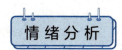

周末天气很好，妈妈带晨晨到公园玩。晨晨放着妈妈新买的风筝，高兴地跑来跑去。

晨晨跑到妈妈身边炫耀："妈妈，你看风筝飞得多高！"

见妈妈抱着手机没反应，晨晨摇了摇妈妈的胳膊。

妈妈终于发现了晨晨，抱歉地说："对不起，宝贝。你希望妈妈陪你玩，是吗？你可以等我半小时吗？妈妈现在有紧急工作需要处理，你能等我一会儿吗？"

晨晨点点头，无奈地说："好吧，要说话算话啊！"

情绪分析

爸爸抱着手机坐在沙发上忙工作，不停地和领导、客户进行交流；

妈妈则把孩子的生活点滴拼成九宫格，发在微信朋友圈，收获无数的点赞、评论。反倒是孩子，容易被爸爸妈妈忽视。这是很多现代家庭的真实写照。

心理专家研究发现：成人通过思考来认识世界，而孩子则是通过感受。如果父母边陪孩子边玩手机，会让孩子误认为在父母心中，手机比自己更重要。换个角度想想：如果父母想与孩子沟通交流时，孩子却对父母不理不睬，父母会怎么想呢？每个孩子都渴望父爱和母爱，渴望同父母进行交流，而父母却在一旁玩手机，这会对孩子造成很大的伤害。

波士顿医疗中心在研究中发现：几乎所有孩子都很反感父母沉溺于玩手机的行为。事实也证明，当父母在手机上花费很多时间时，大部分孩子会表现为焦躁不安，并试图通过自己的一些行为来引起父母的关注，常见的行为有哭闹、摔东西等。

父母对孩子的冷漠和忽视行为有很多，除了玩手机之外，还有心情不好时不想搭理孩子，忙于工作时没空关注孩子。

儿童心理专家指出：在养育孩子的过程中，唯有长时间地陪伴孩子，父母才可能向孩子传递自己的信念、价值观，并帮孩子获得信心、勇气和力量。而在陪伴中，孩子才能感受到父母无条件的爱，从而拥有安全感、归属感，形成独立、积极的人格特质以及与父母稳固的亲子关系。

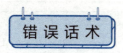

心理学中有一个名词——存在性焦虑，是指无论孩子说什么、做什么，父母都保持冷漠和敷衍的态度。父母的忽视会让孩子觉得自己是不被爱的，是没有存在感的。伴随忽视行为的话术有很多，比如：

> "你没看见我正在忙吗？有什么事等会儿再说。"
>
> "别来烦我！你自己先待会儿，想干什么就去干什么。"
>
> "如果下次石头再偷偷往你的帽子里放东西，你就直接告诉老师。赶紧洗手吃饭吧！"

正确话术

当孩子表示需要父母的陪伴时，即使父母正在忙或心情很糟糕，也请父母及时对孩子做出回应。简单粗暴的沟通是不可取的，父母可以让孩子等一会儿，可以跟孩子简单商量几句，只要是体贴孩子的委婉表达，都不会伤害孩子的内心。下面列举一些尊重孩子的话术：

> "我知道你现在特别希望爸爸陪你玩，你愿意等爸爸一会儿吗？等我处理好这点工作，好吗？我保证半个小时后就陪你。"
>
> "你想做什么，可以自己决定哦。如果你有需要帮助的地方，

再随时来找妈妈吧。"

　　"石头往你的帽子里放东西，一定让你觉得很不舒服，当时你很生气吧？现在你还生他的气吗？"

　　当遇到高兴的事时，孩子第一时间想到的就是和父母分享，他希望父母知道自己很棒，并为他感到自豪、高兴。同理，当有了烦恼时，孩子第一时间想到的还是父母。如果父母不想孩子从此不再向你倾诉，就不要对孩子表现出漠不关心的态度。当然，父母需要重点关注的是孩子传递出来的情感需求，而不仅仅是事情本身。